Literatur-Kartei

KURZ > LEICHT > AKTUELL > REAL

Florian Buschendorff

K.
L.
A.
R.

Verlag an der Ruhr

Impressum

Titel
K.L.A.R. – Literatur-Kartei
„Ohne Handy – voll am Arsch!“

Autor
Florian Buschendorff

Titelbildmotive
Personen: © ViewApart; Mauer: © javarman – beide Stock.adobe.com

Druck
Druckerei Uwe Nolte, Iserlohn, DE

Verlag an der Ruhr
Mülheim an der Ruhr
www.verlagruhr.de

Geeignet für die Klassen 7 – 10

ISBN 978-3-8346-2922-7

Das Buch zur Literatur-Kartei:

K.L.A.R. – Taschenbuch
Ohne Handy – voll am Arsch!
Florian Buschendorff
12–16 Jahre, 104 S.,
12,6 x 19 cm, Paperback
ISBN 978-3-8346-2921-0

Inhaltsverzeichnis

K.
L.
A.
R.

Vorwort

Das Taschenbuch „Ohne Handy voll am Arsch!“ und diese Literatur-Kartei gehören zu der Reihe K.L.A.R. Diese Reihe wurde speziell für sprach- und leseschwache Schüler der Klassen 7 bis 10 entwickelt.
Die Buchstaben K.L.A.R. stehen für folgende Merkmale der Reihe:

K *urz*	• kurze Sätze • eine insgesamt geringe Textmenge • häufige Absätze
L *eicht*	• leicht verständliche Sätze • große Schrift • viel wörtliche Rede
A *ktuell*	• aktuelle Themen
R *eal*	• praktische Lebenshilfe durch Auseinandersetzung mit Themen aus dem Alltag der Jugendlichen

Sie finden in dieser Literatur-Kartei Arbeitsblätter zu den folgenden drei Themenbereichen:

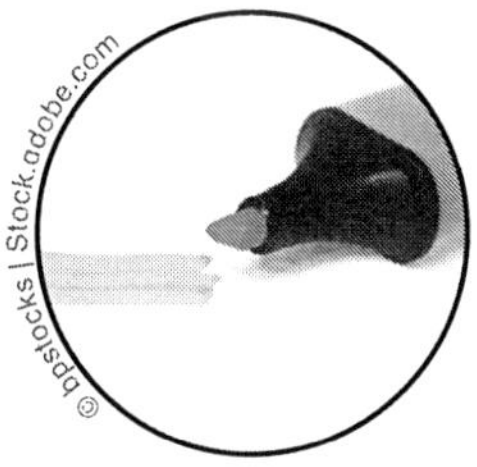

1. Aufgaben zur Überprüfung des Textverständnisses

Ein Schwerpunkt dieser Kartei liegt auf dem sinnentnehmenden Lesen. Anhand von Rätseln, Lückentexten und Fragen zum Inhalt können die Schüler kontrollieren, ob sie die einzelnen Textabschnitte auch wirklich verstanden haben.

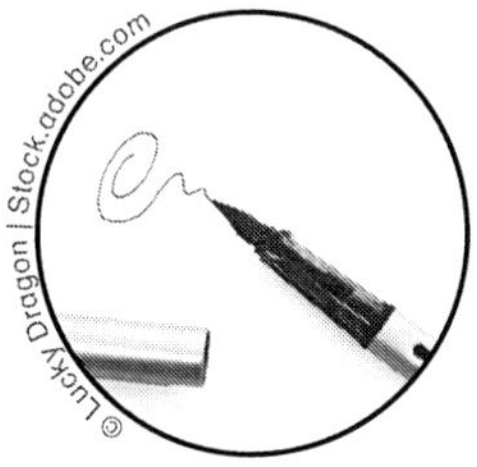

2. Aufgreifende und weiterführende Aufgaben und Aktivitäten

Auf diesen Arbeitsblättern geht es um die Ereignisse und die Personen des Romans. Die Schüler versetzen sich in die Figuren, geben ihnen Ratschläge und überlegen, wie es wohl weitergehen könnte. Außerdem können sie sich über den Roman hinaus mit wichtigen Themen beschäftigen und untereinander persönliche Erfahrungen austauschen.

3. Hintergrundinformationen

Auf diesen Arbeitsblättern bekommen die Schüler jede Menge Infos zu wichtigen Themen des Romans.

Ein weiterer Schwerpunkt dieser Unterrichtsmaterialien ist das Schreiben: Bei vielen Aufgaben werden die Schüler dazu aufgefordert, ihre Notizen, Ideen und Meinungen aufzuschreiben. Aus diesem Grund ist es sinnvoll, dass jeder Schüler sich ein Arbeitsheft zur Lektüre anlegt. Auf dieses sogenannte Lektüre-Arbeitsheft wird in den einzelnen Aufgaben auch immer wieder verwiesen. In diesem Heft können sie alle Aufgaben sammeln, damit sie den Überblick nicht verlieren.

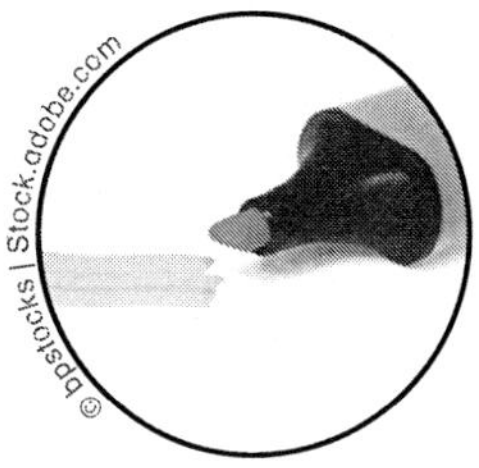
© bpstocks | Stock.adobe.com

KAPITEL 1

Das Experiment

1. Welche Personen kommen im 1. Kapitel vor? Suche zu jeder Figur einen Satz, den sie sagt und der besonders typisch für sie ist.

....	....
	....
....	....
	....
....	....
	....
....	....
	....

2. Schreibe auf: Aus welchen Gründen möchte Herr Schmidt mit der Klasse den Selbstversuch machen?

....

....

....

3. Herr Schmidt meint: „Man lernt eine ganze Menge über sich selbst, wenn man für eine gewisse Zeit auf etwas verzichtet, was man sonst immer tut." Fallen dir außer dem Verzicht auf das Handy weitere Beispiele ein?

....

....

....

....

4. Macht eine Abstimmung in der Klasse: Würdet ihr an diesem Experiment teilnehmen? Diskutiert über eure Meinungen.

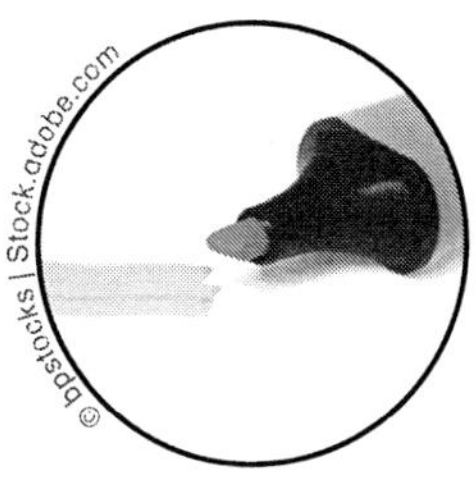

KAPITEL 2

Wer sagt was? – Das Zeilenlineal

Wenn du über eine bestimmte Stelle im Buch sprechen möchtest, ist es sinnvoll, die Stelle im Text genau zu benennen, damit die anderen sie schnell finden.
Das Zeilenlineal hilft dir, die Zeilenzahl genau anzugeben.

1. **Schneide die Vorlage aus und klebe sie auf ein Stück Pappe.**
2. **Gib an, wer die folgenden Sätze äußert. Notiere die genaue Stelle. Geht der Text über mehrere Zeilen, schreibe z. B. „in Zeile 14–16."**

   a) *„schmidt ist schon okay"*

   Das schreibt: .... auf Seite .... in Zeile ....

   b) *„Schreibst du mit Aaron?"*

   Das sagt: .... auf Seite .... in Zeile ....

   c) *„Brezeln waren alle"*

   Das sagt: .... auf Seite .... in Zeile ....

   d) *„Ich gebe mein Handy nicht ab!"*

   Das sagt: .... auf Seite .... in Zeile ....

   e) *„Habe ich irgendetwas verpasst?"*

   Das sagt: .... auf Seite .... in Zeile ....

   f) *„Ich habe keinen Bock auf diesen Selbsterfahrungsscheiß."*

   Das sagt: .... auf Seite .... in Zeile ....

   g) *„Soll ja Leute mit zwei Handys geben."*

   Das sagt: .... auf Seite .... in Zeile ....

   h) *„Ich dachte, ihr seid best friends."*

   Das sagt: .... auf Seite .... in Zeile ....

Image: © ViewApart, Mauer: © jtevefman – beide Stock.adobe.com

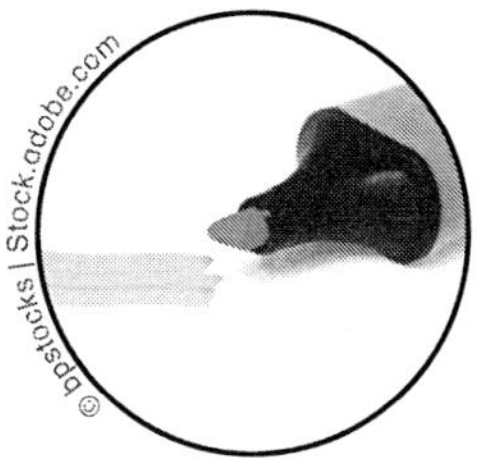

KAPITEL 1/2

Richtig oder falsch?

Kreuze an, ob die Aussagen richtig oder falsch sind. Verbessere die falschen Sätze so, dass sie zutreffen. Wenn du dir unsicher bist, lies noch einmal im 1. und 2. Kapitel nach.

a) Johanna findet, dass der Selbstversuch eine gute Idee ist.

☐ Richtig!

☐ Falsch! Richtig ist: ....

b) Aaron mag Herrn Schmidt nicht.

☐ Richtig!

☐ Falsch! Richtig ist: ....

c) Das Experiment soll vier Wochen dauern.

☐ Richtig!

☐ Falsch! Richtig ist: ....

d) Bei dem Experiment soll die ganze Klasse für zwei Wochen auf das Handy verzichten.

☐ Richtig!

☐ Falsch! Richtig ist: ....

e) Johanna möchte, dass Tom ihr eine Brezel aus der Caféteria mitbringt.

☐ Richtig!

☐ Falsch! Richtig ist: ....

f) Amelie, Johanna und Aaron treffen sich in der Pause meist an den Müllcontainern.

☐ Richtig!

☐ Falsch! Richtig ist: ....

g) Amelie möchte am Sonntag mit Johanna shoppen gehen.

☐ Richtig!

☐ Falsch! Richtig ist: ....

h) Aaron schlägt vor, die Schüler, die ihr Handy abgeben müssen, „MoHas" zu nennen.

☐ Richtig!

☐ Falsch! Richtig ist: ....

i) Amelie möchte sich mit Aaron am Samstag zum Mathelernen treffen.

☐ Richtig!

☐ Falsch! Richtig ist: ....

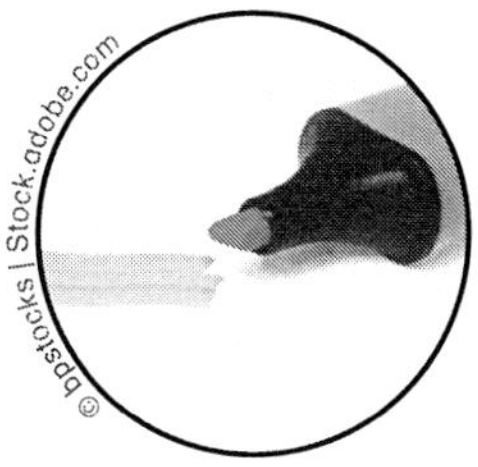

Genau gelesen?

Beantworte die folgenden Fragen in ganzen Sätzen. Wenn dir die Antworten nicht auf Anhieb einfallen, gehe noch einmal das 3. Kapitel durch.

a) Aus welchem Grund hat die Klasse im Moment so viel Unterricht bei Herrn Schmidt?

....

b) Zu welcher Frage sollten die Schüler als Hausaufgabe einen Text schreiben?

....

c) In welcher Jahreszeit spielt die Geschichte?

....

d) Aus wie vielen Schülern besteht die 9a?

....

e) Was soll mit den eingesammelten Handys passieren?

....

f) Welcher Schüler zieht das erste Los?

....

g) Welche Erklärung hat Nils, dass viele in der Klasse das Experiment machen wollen?

....

h) Welchen Hinweis gibt Aaron seinen Mitschülern darüber, was auf seinem Los stand?

....

i) Was kündigt Johanna für den Fall an, dass sie ihr Handy abgeben muss?

....

j) Wie erfährt die Klasse, dass Johanna ihr Handy behalten kann?

....

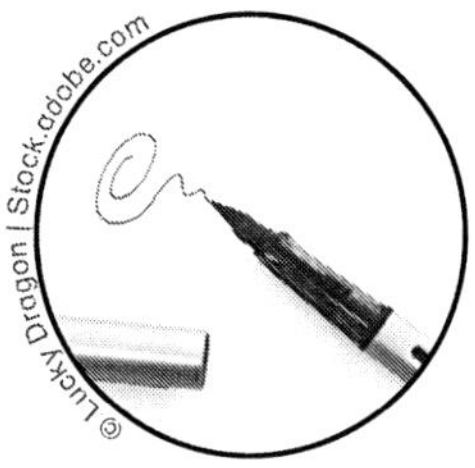

Die Romanfiguren

1. Zeichne ein Passfoto zu den Personen, wie du sie dir vorstellst.
2. Schreibe auf, welchen Eindruck du von den Figuren bekommen hast. Was ist typisch für sie?

Aaron

Tom

Johanna

Herr Schmidt

Amelie

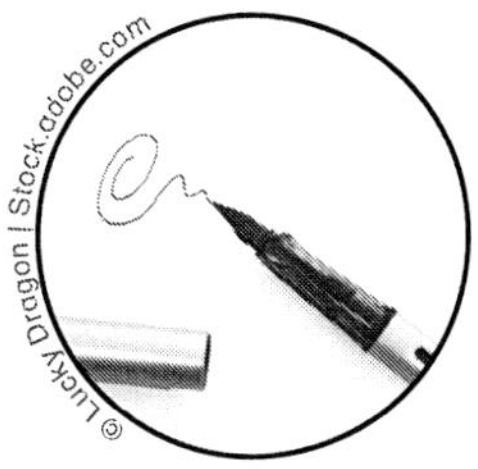
© Lucky Dragon | Stock.adobe.com

KAPITEL 3

„Die MoHas" und „die Normalen"

1. War es eine gute Idee von Herrn Schmidt, dass nur eine Hälfte der Klasse für zwei Wochen das Handy abgeben muss? Wäre es besser, wenn die ganze Klasse gemeinsam auf das Handy verzichtet? Schreibe deine Meinung auf und begründe diese.

2. Was könnten die Schüler der beiden Gruppen aus dem Experiment lernen? Notiere jeweils ein paar Möglichkeiten. Tauscht euch anschließend in der Klasse darüber aus.

3. a) Die MoHas:

➡ ....

➡ ....

➡ ....

➡ ....

b) Die Normalen:

➡ ....

➡ ....

➡ ....

➡ ....

4. Würde dieses Experiment in eurer Klasse funktionieren? Tausche dich in einem stummen Streitgespräch darüber aus, wie sich die Schüler der beiden Gruppen möglicherweise verhalten würden.

Stummes Streitgespräch

Setzt euch zu zweit oder dritt zusammen. Legt ein DIN-A4-Blatt in die Mitte und notiert als Überschrift darauf die Frage, über die ihr diskutieren wollt. Jeder nimmt nun einen Stift in einer anderen Farbe. Der Erste beantwortet auf dem Zettel die Frage. Der Nächste kann nun ebenfalls die Frage beantworten oder er kommentiert die erste Antwort, stellt weitere Fragen, ergänzt eigene Gedanken usw. Dann ist ggf. die dritte Person dran. Nach der ersten Runde darf schreiben, wer immer einen Gedanken zu einem der Sätze auf der Seite äußern möchte. Das alles geschieht, ohne zu sprechen! Wenn ihr fertig mit dem Gespräch seid, tauscht ihr das Blatt mit einer anderen Gruppe und vergleicht eure Ergebnisse.

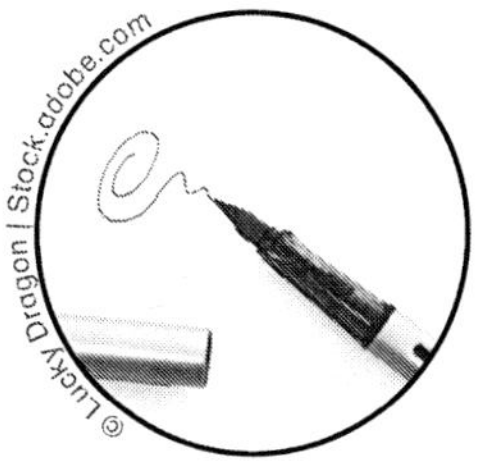

KAPITEL 4

Eltern und Handys

1. Besprecht in der Klasse:
a) Kennt ihr die Situation am Küchentisch aus eigener Erfahrung?
b) Wie reagieren eure Eltern, wenn ihr in ihrer Gegenwart mit dem Handy „hantiert“?

2. In welchen Situationen reagieren deine Eltern genervt, wenn du das Handy benutzt? Und wie reagieren sie? Nenne Beispiele aus deiner Erfahrung.

➡ ....

....

➡ ....

....

➡ ....

....

3. Findest du es richtig, wenn Eltern den Handygebrauch ihrer Kinder einschränken wollen? Schreibe deine Meinung auf und begründe diese.

....

....

....

....

....

4. Wie nutzen deine Eltern ihr Handy? Bist du damit einverstanden? Welche Vorschriften würdest du ihnen machen, wenn du dürftest?

....

....

....

....

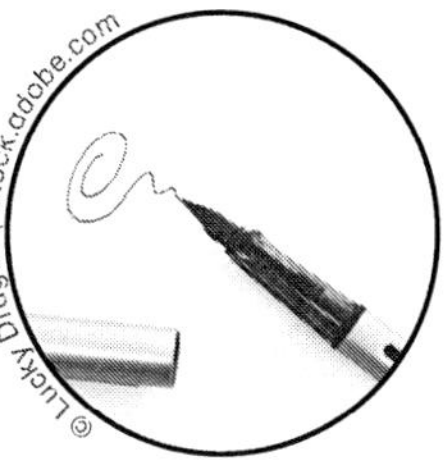

© Lucky Dragon | Stock.adobe.com

KAPITEL 4

Die Szene am Küchentisch

Partnerarbeit: Spielt die Szene am Küchentisch zu zweit vor. So geht ihr dabei vor:

- ➡ Schreibt den Dialog aus dem Text heraus. Sucht hierzu die wörtliche Rede.
- ➡ Schreibt als kurze Regieanweisung in Klammern auf, was Johanna und die Mutter tun.
- ➡ Übt das Sprechen mit einem passenden Ausdruck (genervt, ärgerlich, ungeduldig …).

	(Johanna tippt auf ihrem Handy. Die Mutter läuft in der Küche herum)
Mutter:	Johanna, hilfst du mir bitte beim Essenmachen?
Johanna:	Gleich.

Alles verstanden?

Suche im 5. Kapitel nach Textstellen, die Antworten auf die folgenden Fragen geben. Schreibe die Textstelle ab. Gib die Seite und Zeilennummer an. Verwende das Zeilenlineal.

a) An welcher Textstelle erkennt man, dass Aaron Amelie gut findet?

....

.... Seite: .... Zeile(n): ....

b) Welchem Satz kann man entnehmen, wie lange Amelie Johanna kennt?

....

.... Seite: .... Zeile(n): ....

c) Welche Aussage Aarons soll Amelie deutlich machen, dass ihm nichts an Johanna liegt? Finde zwei Beispiele.

....

.... Seite: .... Zeile(n): ....

....

.... Seite: .... Zeile(n): ....

d) Welche Textstelle zeigt dem Leser, dass Aaron Amelie anlügt, was seine Beziehung zu Johanna angeht?

....

.... Seite: .... Zeile(n): ....

e) Welche Textstelle zeigt, dass Amelie wegen der Sache mit Aaron Johanna gegenüber ein schlechtes Gewissen hat?

....

.... Seite: .... Zeile(n): ....

KAPITEL 5

Zeichensetzung bei der wörtlichen Rede 1

Wörtliche Rede

In Erzähltexten werden oft Dialoge wiedergegeben. Das direkt Gesagte nennt man „direkte Rede“ oder „wörtliche Rede“. Damit der Leser die wörtliche Rede sofort erkennt, wird sie in Anführungszeichen gesetzt.

Oft wird die wörtliche Rede im Anschluss durch einen Redebegleitsatz ergänzt, z. B. „… sagte er“, „… antwortete sie“ oder „… fragte sie“. Vor dem Redebegleitsatz wird immer ein Komma gesetzt.

1. Ergänze die Anführungszeichen („“) bei der wörtlichen Rede und setze das Komma vor dem Redebegleitsatz.

a) Gehst du shoppen? fragte Amelie.
b) Und du? fragte er.
c) Johanna ist halt Johanna sagte Amelie.
d) Keine Ahnung. Langeweile sagte Aaron.
e) Du könntest doch mal mit ihr ins Kino gehen sagte Amelie.

Ist die wörtliche Rede eine Frage, muss ein **Fragezeichen** gesetzt werden. Handelt es sich um einen Ausruf oder um einen Befehl, muss ein **Ausrufezeichen** gesetzt werden. Ein **Punkt** wird nur gesetzt, wenn KEIN Redebegleitsatz folgt. **Achtung:** Die Satzschlusszeichen stehen immer VOR dem Anführungszeichen.

2. Setze die richtigen Satzzeichen ein.

a) Sie ist anstrengend sagte Aaron.
b) Kannst du auch was für dich behalten fragte Amelie.
c) Ich glaube, Johanna ist in dich verknallt
d) Keine Lust erwiderte Aaron.
e) Mathelernen hat echt was gebracht rief Amelie ihm hinterher.

3. Stelle dir vor, Aaron wäre noch drei Minuten länger geblieben. Schreibe in dein Lektüre-Arbeitsheft einen Dialog (sechs Sätze) zwischen Amelie und Aaron. Verwende dabei die wörtliche Rede mit passenden Redebegleitsätzen. Achte auf die Zeichensetzung!

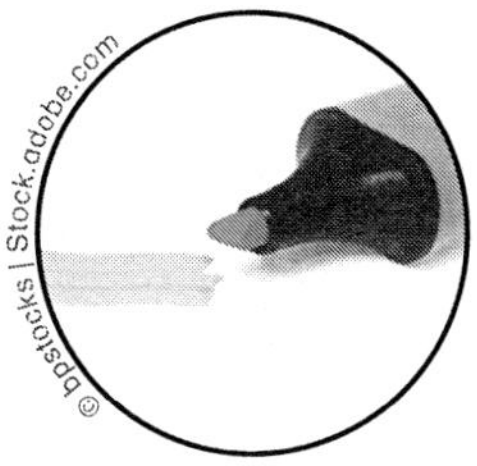
© bpstocks | Stock.adobe.com

KAPITEL 6

Inhalt aufmerksam gelesen?

Beantworte die folgenden Fragen zum Text. Wenn du dir unsicher bist, lies noch einmal im 6. Kapitel nach.

a) Aus welchem Grund hält Amelie Johanna für unzuverlässig?

b) *„Bist du irgendwie sauer?“* – Warum regt sich Amelie über Johannas Frage auf?

c) Welche weitere Aussage von Johanna bringt Amelie so aus der Fassung? Und warum?

d) Zu welcher Frage sollen die Schüler in der Unterrichtsstunde einen Text schreiben?

e) Amelie vergleicht sich selbst mit einem Schnellkochtopf, bei dem Wasser bei fest verschlossenem Deckel kocht. Erkläre, warum dieser bildliche Vergleich passt.

f) Warum tut Amelie so, als hätte sie „irgendetwas ins Auge bekommen“, als sie Aaron sieht?

KAPITEL 6

Zeichensetzung bei der wörtlichen Rede 2

Schreibe das Gesagte mit einem passenden Redebegleitsatz auf. Ergänze dabei:

- ➡ die Anführungszeichen
- ➡ das Fragezeichen bei einer Frage
- ➡ das Ausrufezeichen bei einem Ausruf oder einem Befehl
- ➡ das Komma vor dem Redebegleitsatz
- ➡ den Punkt nach dem Redebegleitsatz

Beispiel:

Warte mal

Amelie

„Warte mal!“, rief Amelie.

Johanna

Bist du irgendwie sauer

....

Schmidt

Nein danke, Tom

....

Herr Schmidt, sollen wir für Sie sammeln

Tom

....

Willst du wissen, was ich geschrieben habe

Johanna

....

Johanna

So ein Scheiß

....

Aaron

Alles klar mit dir, Amelie

....

Hi

Aaron

....

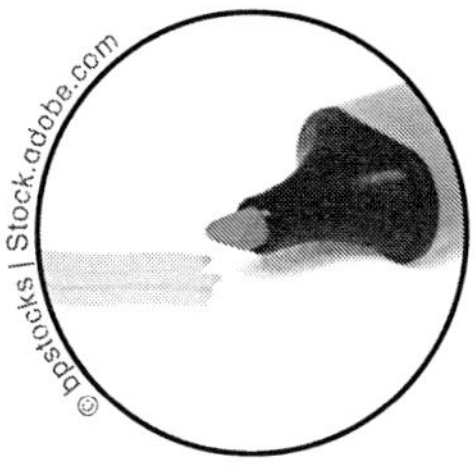

KAPITEL 7

Richtig oder falsch?

Kreuze an, ob die Aussagen richtig oder falsch sind. Verbessere die falschen Aussagen so, dass sie zutreffen. Wenn du dir unsicher bist, lies noch einmal im 7. Kapitel nach.

a) Die MoHas haben am nächsten Tag erst zur zweiten Stunde.
- ☐ Richtig!
- ☐ Falsch! Richtig ist: ....

b) Herr Schmidt möchte mit den MoHas eine Sekte gründen.
- ☐ Richtig!
- ☐ Falsch! Richtig ist: ....

c) Johanna mag den Film nicht, deshalb schaut sie nur halb zu.
- ☐ Richtig!
- ☐ Falsch! Richtig ist: ....

d) Johannas Vater ist ebenfalls abgelenkt.
- ☐ Richtig!
- ☐ Falsch! Richtig ist: ....

e) Johanna schaltet den Fernseher aus und geht in ihr Zimmer.
- ☐ Richtig!
- ☐ Falsch! Richtig ist: ....

f) Johannas Mutter bezweifelt, dass Johanna richtige Freunde hat.
- ☐ Richtig!
- ☐ Falsch! Richtig ist: ....

g) Johannas Eltern haben sich über das Internet kennengelernt.
- ☐ Richtig!
- ☐ Falsch! Richtig ist: ....

h) Johanna chattet nach dem Film noch mit Aaron.
- ☐ Richtig!
- ☐ Falsch! Richtig ist: ....

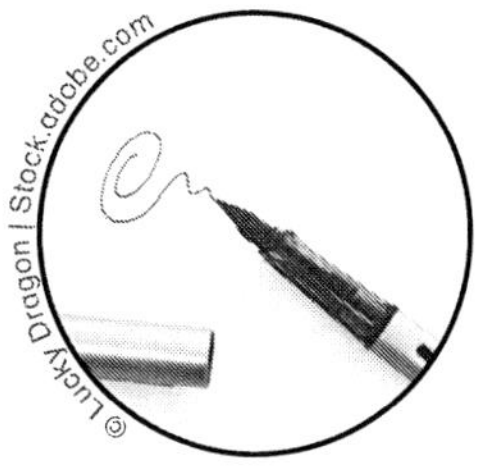

Familienabend mit Konflikten

1. Johanna möchte Fernsehen UND chatten, ihre Mutter möchte, dass Johanna NUR fernsieht.

a) Für welche Seite hast du mehr Verständnis? Schreibe deine Meinung auf und begründe sie.

b) Aus welchen Gründen könnte es Johannas Mutter so stören, dass Johanna beim Fernsehen chattet? Schreibe mehrere Vermutungen auf.

c) Notiere: Wie denkt Johannas Vater über Johannas Verhalten? Welche Gründe gibt er für seine Meinung an?

2. Sammelt Beispiele: Was verpasst man eigentlich, wenn man …

… nicht immer erreichbar ist?	… ständig das Handy „kontrolliert“?

3. Diskutiert in der Klasse: Wie wichtig ist es euch, immer erreichbar zu sein? Empfindet ihr die ständige Handykontrolle (bei anderen) als störend?

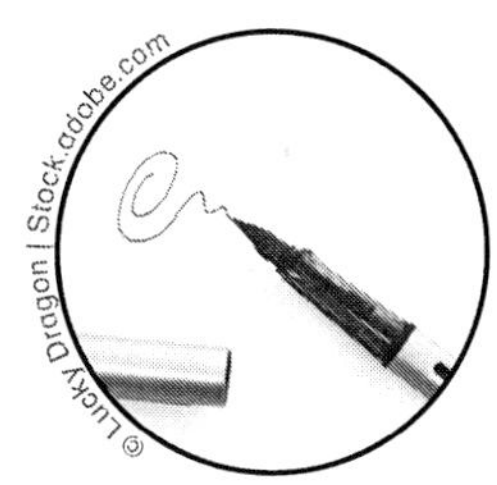

Vorlesen mit Ausdruck

Bereite den zweiten Abschnitt des 7. Kapitels so vor, dass du ihn mit passendem Ausdruck vorlesen kannst. Notiere neben dem Text Sprechanweisungen, die den Ausdruck beschreiben. Übe das Lesen zu Hause.

„Johanna!“, rief die Mutter verärgert. Sie schaltete den Ton auf stumm.	genervt
„Jetzt pack dein verdammtes Handy weg! Es vergeht keine Minute, in der du nicht an deinem Handy rumfummelst.“	richtig sauer
„Papa hat doch auch ständig sein neues iPhone in der Hand.“	teilnahmslos

„Ja, aber nicht am Familienabend“, sagte der Vater.
„Du wolltest doch, dass wir diesen Film sehen.“
„Eben hast du auch …“
„Ich habe nur kurz eine wichtige Mail beantwortet. In der Firma geht es drunter und drüber.“
„In der Schule geht es auch drunter und drüber“, sagte Johanna.
„Es ist Familienabend!“, sagte die Mutter.
„Konzentrier dich doch mal auf den Film!“
„Ich bin halt multitaskingfähig“, sagte Johanna.
„Ja, aber so macht das keinen Spaß“, sagte die Mutter.
„Du bist doch ganz woanders.“
„Mit wem schreibst du dir denn da immer?“, fragte der Vater forsch.
„Mit Freunden vielleicht?!“, sagte Johanna und schaute genervt hoch.
„Triff dich doch lieber mit ihnen“, sagte der Vater.
„Du bist ja noch schlimmer als ich.“
„Diese Handys sind eine Seuche!“, sagte die Mutter.
„Mama, du redest wie Oma.“
„Johanna“, sagte die Mutter. „Ich würde mich gern mal mit meiner Tochter unterhalten, ohne dass sie ständig dieses bescheuerte Ding vor der Nase hat.“
Johanna legte das Handy auf den Tisch.
„Also gut, worüber wollen wir reden?“
Auf dem Tisch vibrierte es.
„Das ist jetzt wichtig“, sagte Johanna und griff nach dem Handy.
„Du brauchst echt eine Therapie“, sagte die Mutter.
„Dann guckt den Film doch allein weiter!“, rief Johanna.
„Ihr braucht auch eine Therapie!“
Sie stand auf und ließ ihre Eltern allein im Wohnzimmer zurück.

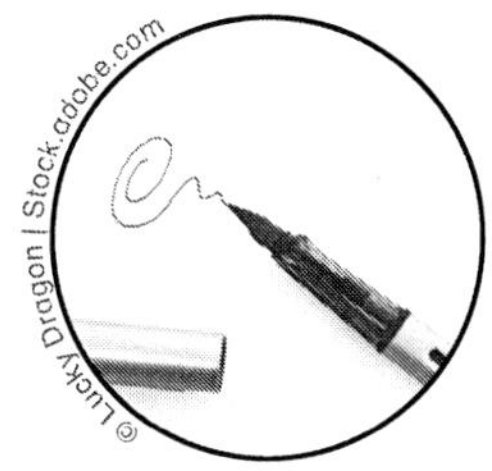

KAPITEL 7

Protokoll deiner Handynutzung

1. Wie oft und wie lange nutzt du dein Handy? Fertige für einen Schultag ein Gedächtnisprotokoll an. Lasse hierzu den gestrigen Tag in deiner Erinnerung ablaufen. Schätze für die angegebenen Tagesabschnitte die Anzahl und die Dauer deiner Handynutzung.

Tagesabschnitte	**Wie viele Male nimmst du das Handy in die Hand?**	**Dauer in Minuten oder Sekunden**
vom Aufwachen bis zum Losgehen		
auf dem Schulweg		
von der ersten Unterrichtsstunde bis zur großen Pause		
in der großen Pause		
nach der großen Pause bis zum Unterrichtsschluss		
auf dem Nachhauseweg		
nach der Schule bis zum Abendessen		
beim Abendessen		
zwischen Abendessen und Ins-Bett-Gehen		
vom Ins-Bett-Gehen bis zum Einschlafen		
in der Nacht		
Summe (Dauer in Minuten umrechnen)		

2. Wie schätzt du die Anzahl und Gesamtdauer deiner Handynutzung im Vergleich zum Klassendurchschnitt ein? Kreuze an.

Anzahl der Nutzungen:	**Gesamtdauer:**
☐ weit unter dem Durchschnitt	☐ weit unter dem Durchschnitt
☐ knapp unter dem Durchschnitt	☐ knapp unter dem Durchschnitt
☐ durchschnittlich	☐ durchschnittlich
☐ leicht über dem Durchschnitt	☐ leicht über dem Durchschnitt
☐ weit über dem Durchschnitt	☐ weit über dem Durchschnitt

3. Ermittelt den Durchschnitt für die Anzahl und die Dauer der Nutzung in eurer Klasse. Addiert hierzu die Werte aller Schüler und teilt das Ergebnis durch die Anzahl der Klassenmitglieder.

4. Diskutiert in der Klasse die Ergebnisse: Hättet ihr sie so vermutet oder waren sie eher eine Überraschung für euch?

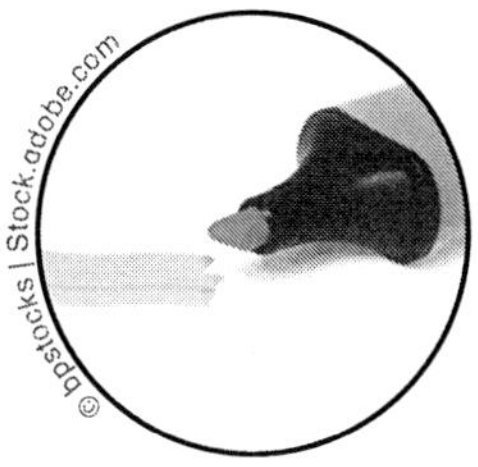

KAPITEL 8

Ohne Handy voll am Arsch?

Seite 41

„Ohne Handy kriegst du nur zehn Prozent von der Realität mit", sagte Tom. Und Amelie hatte plötzlich das Gefühl, dass das stimmte.

1. Beantwortet die folgenden Fragen in Partnerarbeit.

a) Worauf bezieht sich Toms Aussage?

....

....

b) Warum gibt Aaron Amelie gegenüber vor, zu den MoHas zu gehören?

....

....

....

....

c) Amelie wirft Tom vor, sich heuchlerisch zu verhalten. Wie kommt sie darauf?

....

....

....

....

2. Setzt euch mit einem weiteren Paar zusammen und vergleicht eure Lösungen.

3. Amelie hat genug von diesen „blöden Erzähl-das-bitte-nicht-weiter-Geschichten, die einem immer nur zum Weitertratschen anvertraut" werden. Kennst du solche Geschichten? Beschreibe deiner Gruppe ein Beispiel aus deiner eigenen Erfahrung.

Ich zeig dir mal was. Nicht weitererzählen, okay?

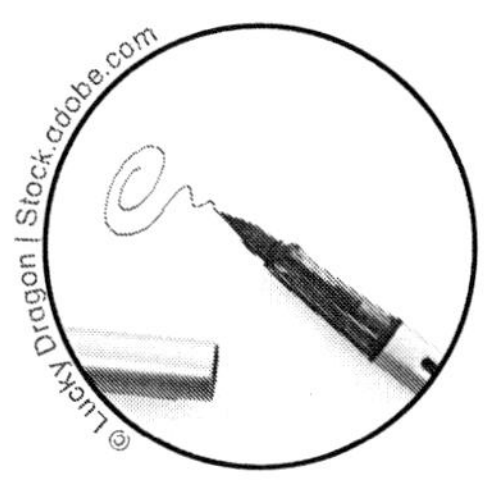

KAPITEL 8

Übungen zur indirekten Rede 1

Indirekte Rede

Die indirekte Rede wird zur Wiedergabe von Gedanken oder Gesagtem verwendet. Dabei müssen der Satz umgestellt und einige Wörter geändert werden.

direkte Rede:

„Ohne Handy kriegst (3) du (4) nur zehn Prozent von der Realität mit", sagte Tom (1).

indirekte Rede:

Tom sagte (1), dass (2) sie (4) ohne Handy nur zehn Prozent von der Realität mitkriegen würde (3).

Beim Bilden der indirekten Rede gibt es Folgendes zu beachten:

① Der Redebegleitsatz steht am Anfang (Tom sagte/… dachte …/fragte …).

② Das Gesagte wird in einen „dass"-Satz umgeformt. Bei einer Frage beginnt der Nebensatz mit „ob" oder dem verwendeten Fragewort („wer", „wie", „warum").

③ Das Verb der wörtlichen Rede kommt ans Ende des Satzes und wird in den Konjunktiv umgeformt (ist ➡ sei; haben ➡ habe/hätte; geht ➡ gehe). An das Verb kann auch einfach „würde" angehängt werden.

④ Pronomen in der 1. und 2. Person werden zur 3. Person (ich, du ➡ er/sie) oder sie werden durch den Namen ersetzt.

Schreibe die wörtliche Rede in die indirekte Rede um.

a) „Du hast doch zur Zweiten", sagte Amelie.

Amelie sagte, dass ……………………………………………………………

(Konjunktiv von „hast" = „habe" oder „hätte")

b) „Offiziell bin ich MoHa", sagte Tom.

Tom sagte, dass ……………………………………………………………

(Konjunktiv von „ist" = „sei")

c) „Das ganze Leben ist Heuchelei", sagte Tom.

Tom sagte, dass ……………………………………………………………

(Konjunktiv von „ist" = „sei")

d) Sie war in einen Lügner verknallt, dachte Amelie.

Amelie dachte, dass ……………………………………………………………

(Konjunktiv „war" = „wäre")

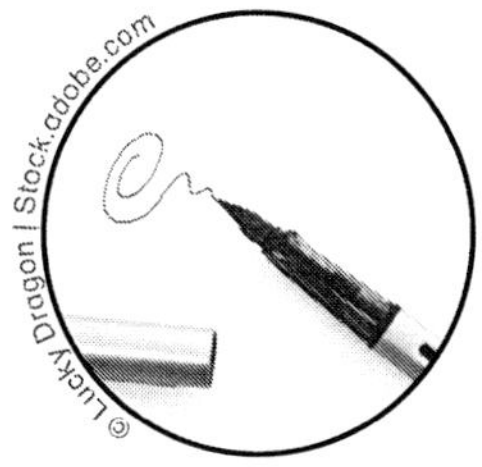

KAPITEL 9

Amelie bei Aaron

1. Schreibe ein Figureninterview mit Amelie oder Aaron in dein Lektüre-Arbeitsheft.

Figureninterview

Bei einem Figureninterview denkst du dir Fragen an die Figuren des Romas aus. Anschließend beantwortest du sie, indem du dich in die Figuren hineinversetzt. Schreibe das Interview mit Fragen und möglichst ausführlichen Antworten auf.

a) Beispielfragen für das Interview mit Amelie:
- ➡ Warum bist an dem Nachmittag zu Aaron nach Hause gegangen?
- ➡ Warum warst du so sauer auf Aaron?

b) Beispielfragen für das Interview mit Aaron:
- ➡ Warum hast du Amelie bezüglich deines Handys nicht die Wahrheit erzählt?
- ➡ Warum chattest du einerseits mit Johanna und bezeichnest sie andererseits aber als „wahnsinnig"?

2. Beantworte die folgenden Fragen zu Johanna und Tom:

Seite 48

„Johanna kann überhaupt keine reale Beziehung zu irgendjemandem auf der Welt haben", sagte Aaron.

a) Teilst du Aarons Ansicht von Johanna? Begründe deine Meinung.

b) Warum soll Tom mit zur Verabredung bei der Flugausstellung kommen?

c) Was könnte Amelie mit Johanna klären wollen?

© Verlag an der Ruhr | Autor: Florian Buschendorff | ISBN 978-3-8346-2922-7 | www.verlagruhr.de

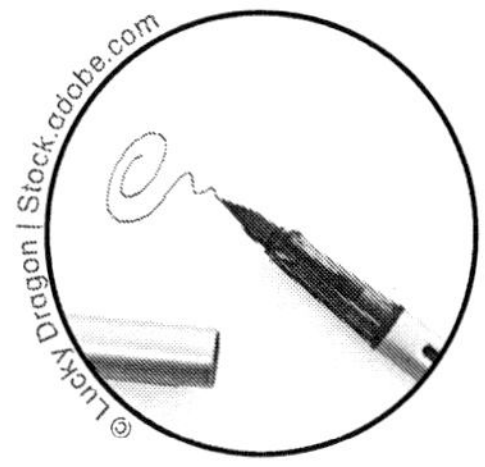

KAPITEL 9

Übungen zur indirekten Rede 2

Um die wörtliche Rede in die indirekte Rede umzuformen, sollte man eine Konjunktivform des verwendeten Verbs benutzen. Von jedem Verb gibt es zwei Konjunktivformen. Diese kommen in der Umgangssprache nicht so oft vor, deshalb fällt einem die Konjunktivform manchmal nicht gleich ein und man muss etwas darüber nachdenken.

Forme die wörtliche Rede in die indirekte Rede um. Verwende für das Verb eine der beiden angegebenen Konjunktivformen. Entscheide nach deinem Sprachgefühl, welche du benutzen möchtest.

sei/wäre, komme/käme, habe/hätte, tue/täte sei/wäre, wolle/wollte, habe/hätte

a) „Warum hast du mich angelogen?“, fragte Amelie.

Sie fragte, ...

b) „Es tut mir leid“, sagte Aaron.

Aaron sagte, ...

c) „Warum hast du dich als MoHa ausgegeben?“, fragte Amelie.

....

d) „Außerdem wollte ich Johanna loswerden“, sagte Aaron.

....

e) „Johanna ist wahnsinnig“, sagte Aaron.

....

f) „Zwischen mir und Johanna ist nichts“, beteuerte Aaron.

....

g) „Hast du am Freitag schon was vor?“, fragte Aaron.

....

h) „Tom kommt auch mit“, sagte Aaron.

....

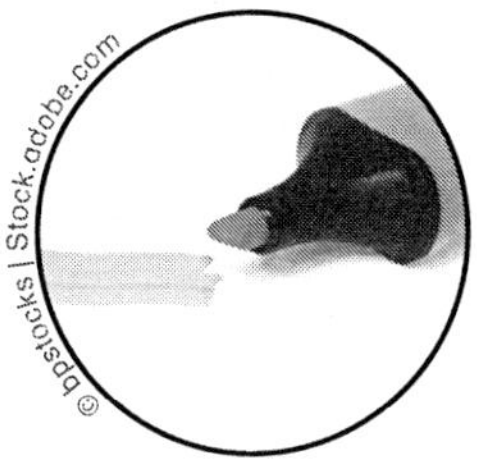

KAPITEL 10

Der Konflikt zwischen Amelie und Johanna

1. Findest du dich im 10. Kapitel zurecht? Überprüfe dein Textverständnis, indem du die folgenden Fragen in ganzen Sätzen beantwortest.

a) Ist die Aussprache zwischen Amelie und Johanna geglückt? Begründe deine Meinung.

b) Amelie fühlt sich gegenüber Johanna „wie ein kleines Hündchen“. Wie kommt sie darauf?

c) Beschreibe Johannas Reaktion, als Amelie ihr vorwirft, sich die Beziehung zu Aaron nur einzubilden.

d) Zähle auf, was Amelie alles an Johanna nervt.

e) Warum lädt Amelie Johanna zu ihrer Verabredung mit Aaron ein?

2. Was könnte Amelie am Abend nach dem Treffen mit Johanna in ihr Tagebuch schreiben? Was könnte Johanna über das Treffen in der Passage notieren? Schreibe eine Seite Tagebuch für

a) Amelie oder

b) Johanna.

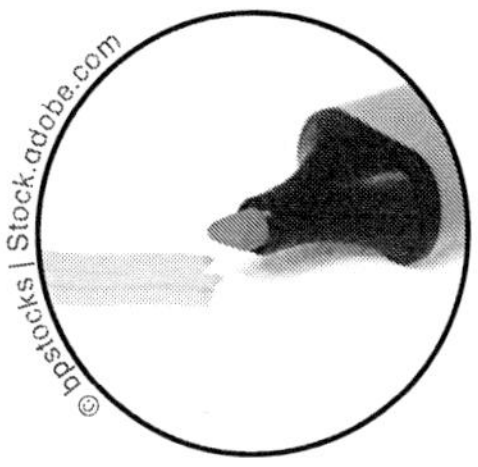

KAPITEL 1–10

Ein Quiz zur ersten Romanhälfte

Teste dein Gedächtnis! Kreuze die richtigen Aussagen an. Die Ziffer hinter der Frage bezeichnet das Kapitel, in dem du zur Kontrolle die Antwort findest.

1. Über welchen Zeitraum soll das Handy-Experiment durchgeführt werden? (1)
a) 1 Woche **b)** 2 Wochen
c) 3 Wochen **d)** 1 Monat

2. Aaron coacht Amelie im Fach … (2)
a) Sport **b)** Deutsch
c) Physik **d)** Mathematik

3. Wer ist Klassenlehrer/in der 9a? (3)
a) Frau Reimers **b)** Herr Schmidt
c) Frau Saalmann **d)** Frau Euler

4. Die Romanhandlung spielt im … (3)
a) Frühling **b)** Sommer
c) Herbst **d)** Winter

5. In der Einkaufspassage befindet sich … (5)
a) eine Betonsäule **b)** ein Springbrunnen
c) eine Baustelle **d)** die Eis-Lagune

6. Wer gehört NICHT zu den „Normalen“?
a) Aaron **b)** Amelie
c) Johanna **d)** Karla

7. Der Grund, warum Herr Schmidt kein Handy hat, befindet sich … (6)
a) in einem Schuhkarton **b)** in einem Briefumschlag
c) in einer Tüte **d)** im Schreibtisch

8. Johannas Vater besitzt … (7)
a) ein iPhone **b)** ein Nokia 3310
c) ein Samsung S4 **d)** kein Handy

9. Aaron hat Freikarten für … (9)
a) das Kino **b)** den Zoo
c) ein Autorennen **d)** eine Flugausstellung

10. Wo möchte sich Johanna nachts mit Aaron treffen? (9)
a) im Park **b)** vor der Einkaufspassage
c) in der Schule **d)** in einer alten Brauerei

© Verlag an der Ruhr | Autor: Florian Buschendorff | ISBN 978-3-8346-2922-7 | www.verlagruhr.de
Icon Handy: © reeel – Stock.adobe.com

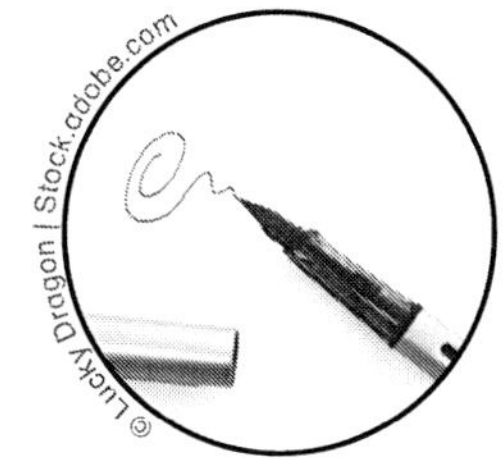

KAPITEL 1–10

Halbzeit – Wie könnte es weitergehen?

Wie könnte die Geschichte weitergehen? Beschreibe deine Erwartungen in einem kurzen Text. Lest euch anschließend in Gruppen gegenseitig eure Vermutungen vor.

Ich vermute … ....

....

....

....

....

....

....

....

....

....

....

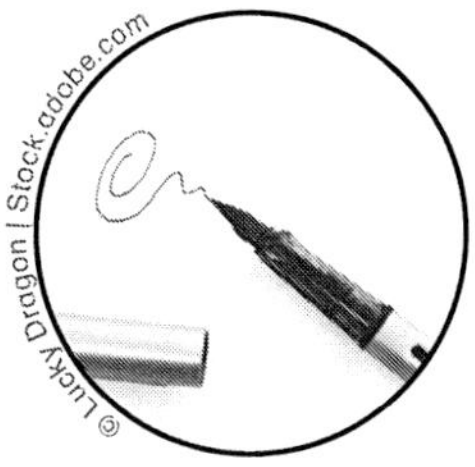

KAPITEL 11

Fliegen könnte so schön sein

© vicelord6 – Fotolia.com

Seite 59

„Ich liebe Flugzeuge", erwiderte Johanna. „Als ich am Stadtrand gewohnt habe, hatte ich den direkten Blick auf den Flughafen. Ich habe ewig am Fenster gesessen und mir die Starts und Landungen angeguckt. Flugzeuge sind für mich Freiheit."

1. Auf der Flugausstellung entsteht Verwirrung. Bearbeitet die folgenden Aufgaben.

a) Beschreibt, warum Aaron und Tom so überrascht auf Johannas Aussage reagieren.

b) Erklärt mit eigenen Worten, warum Amelie die Situation plötzlich als „schräg" empfindet.

Seite 61

„Ich will Aaron ins Gesicht sehen, wenn er mir sagt, dass er mich liebt", sagte Johanna.
Jetzt wird es schräg, dachte Amelie.

c) Im Cockpit küssen sich Amelie und Aaron. Ist das gegenüber Johanna unfair? Begründet eure Meinung.

Seite 65

Amelie schaute hoch. Johanna stand im Cockpit.

2. Wenn ein Kapitel mitten in einer spannenden Szene plötzlich endet, nennt man dies „Cliffhanger". Wie könnte die Szene weitergehen? Schreibe deine Vermutungen in dein Lektüre-Arbeitsheft auf.

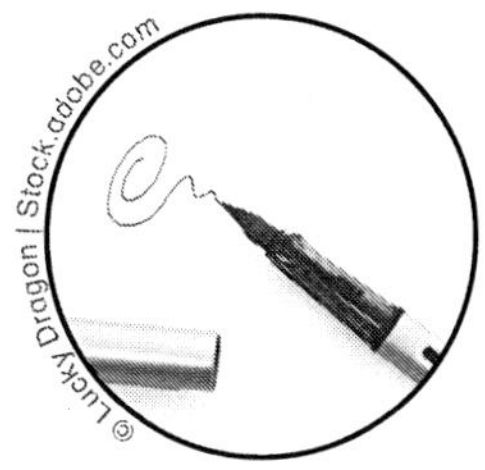

Fremdwörterquiz

Hast du dir die richtige Schreibweise der Fremdwörter im 11. Kapitel bereits beim Lesen eingeprägt?

a) Kreuze die richtige Schreibweise aus dem Gedächtnis (mit Bleistift) an.

b) Kontrolliere die Schreibweise mit einem Wörterbuch. Schreibe die Worterklärung auf.

c) Aus welcher Sprache kommen die Wörter? Schreibe die Herkunftssprache der Wörter auf. Im Wörterbuch findest du hierzu eine Angabe.

1. Was steigen die vier herunter, um aus dem Flugzeug zu kommen?

a) Gengway **b)** Gangway
c) Gängway **d)** Gangwäy

2. Dass die Menschen Fliegen gelernt haben, ist für Aaron eine Wende in der ...

a) Evolution **b)** Evulotion
c) Evolotion **d)** Evulution

3. „Flugzeuge sind für mich Freiheit." – Tom findet Johannas Satz ...

a) filosofisch **b)** filisophisch
c) philosofisch **d)** philosophisch

4. Tom schickt die Mädchen zum Würstchenholen. Amelie bezeichnet ihn deshalb als ...

a) Macho **b)** Matcho
c) Matscho **d)** Matchow

5. Weil Johanna so eigenartige Sachen erzählte, fühlte sich Amelie wie in ...

a) Trance **b)** Tranze
c) Tranc **d)** Tranche

6. Der Airbus A380 ist das größte Flugzeug für ...

a) Pasagiere **b)** Passagiere
c) Passaschiere **d)** Pasagire

7. In welchem Bereich ist die Ausstattung besonders luxuriös?

a) Business Class **b)** Bissness Class
c) Busines Class **d)** Busynes Class

8. Das Ende des Kapitels spielt im ...

a) Kockpit **b)** Cockpit
c) Cocpit **d)** Cockpitt

KAPITEL 11

Vorlesewettbewerb – Textblatt (1/2)

1. **Bereite den Abschnitt aus dem 11. Kapitel so vor, dass du ihn mit passendem Ausdruck vorlesen kannst. Notiere dir dazu neben dem Text Stichpunkte, wie du die Zeilen sprechen willst. Übe das Lesen mit Ausdruck zu Hause.**
2. **Macht anschließend einen Vorlesewettbewerb in der Klasse.**

„Wirklich ein geiles Teil", sagte Tom.
Aaron, Tom, Amelie und Johanna stiegen über die Gangway aus dem kleinen Düsenflugzeug heraus, das sich wahrscheinlich nur Ölscheichs oder russische Milliardäre als privaten Luxus leisten konnten.
„Aaron, in ein paar Jahren machen wir eine Firma auf und dann kaufen wir uns auch so einen Learjet", sagte Tom. „Der macht 800 km/h. Damit sind wir in drei Stunden auf den Bahamas."
„Nicht ganz", sagte Aaron.
„Nimm mal Mathestunden bei Aaron", sagte Amelie.
„Ich werde Pilot", sagte Tom.
„Doch nicht mehr Lokführer?", spottete Johanna.
„Wisst ihr eigentlich", sagte Aaron und blieb stehen, „dass die Menschen das Fliegen gelernt haben, das ist für mich die entscheidende Wende in der Evolution."
„Klugscheißer", sagte Tom.
„Was ist für dich denn die entscheidende Wende in der Evolution?", fragte Aaron.
„Kein Ahnung", sagte Tom. „Ich finde die ganze Evolution scheiße."
„Super Antwort", sagte Amelie.
„Tja", sagte Tom, „Johanna würde wahrscheinlich sagen: Das Geilste an der Evolution ist, dass man mit irgendwelchen Leuten aus China über das Wetter auf den Fidschi-Inseln chatten kann."
„Jetzt hör mal auf, zu nerven", sagte Johanna.
„Ihr habt ja keine Ahnung, dass ich mal der absolute Flugzeugfreak war."
„Du?", rief Aaron.

begeistert

© Verlag an der Ruhr | Autor: Florian Buschendorff | ISBN 978-3-8346-2922-7 | www.verlagruhr.de
Icon Handy: © reeel – Stock.adobe.com

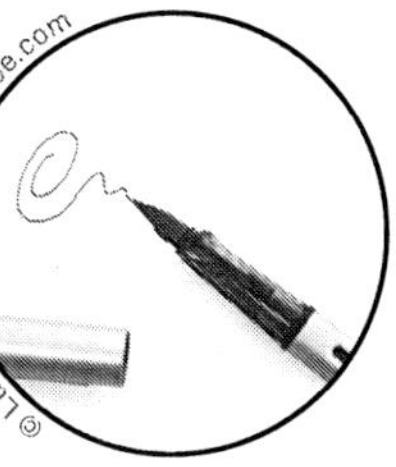

Vorlesewettbewerb – Textblatt (2/2)

KAPITEL 11

„Ich liebe Flugzeuge“, erwiderte Johanna. „Als ich am Stadtrand gewohnt habe, hatte ich den direkten Blick auf den Flughafen. Ich habe ewig am Fenster gesessen und mir die Starts und Landungen angeguckt. Flugzeuge sind für mich Freiheit.“
„Hört, hört“, sagte Tom. „Johanna offenbart eine ganz neue, philosophische Ader.“
„Nerd!“, sagte Johanna. „Ich meine: Du kaufst dir einfach ein Ticket und … zosch … bist du weg. Also, wenn hier alles so richtig kacke ist, dann steigst du in so ein Teil und flatterst einfach irgendwo anders hin.“
„Meinetwegen“, sagte Tom. „Aber wisst ihr, was wir vorher machen? Du und Amelie, ihr stellt euch jetzt mal hier bei den Bratwürsten an. Und Aaron und ich gehen zu diesem süßen Helikopter da drüben.“

© DigitalPen – Shutterstock.com

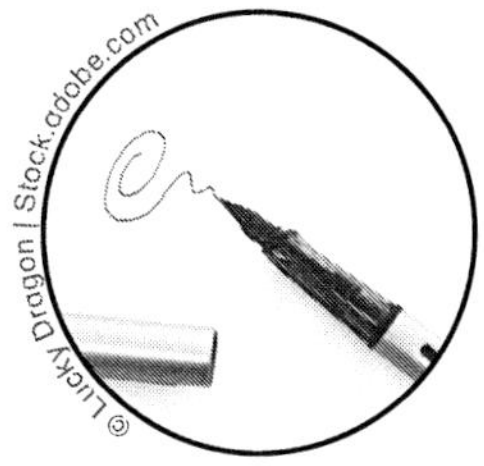

Vorlesewettbewerb – Bewertungsblatt

Tipp
Seht euch zur Vorbereitung auf den Lesewettbewerb die Bewertungskriterien an, damit ihr wisst, worauf es besonders ankommt.

So könnt ihr den Wettbewerb durchführen:
Vorrunde (in Gruppen von vier bis fünf Schülern)
- ➡ Lest den vorbereiteten Text reihum in eurer Gruppe vor.
- ➡ Bewertet jede Lesung mithilfe der Tabelle. Vergebt für jeden der drei Bereiche maximal 5 Punkte (5 Punkte = genial, 0 Punkte = nicht so gut).
- ➡ Addiert das Ergebnis für jeden Vorleser.
- ➡ Zur Ermittlung des besten Lesers in der Gruppe addiert ihr die Punktzahlen aller Gruppenmitglieder.

Finalrunde (in der Klasse)
- ➡ Die Gruppenbesten lesen den Text vor der ganzen Klasse.
- ➡ Alle bewerten die Lesungen wieder nach der Tabelle.
- ➡ Jeder ermittelt für sich den 1. und 2. Platz.
- ➡ Die Namen der Finalisten werden an die Tafel geschrieben und nacheinander aufgerufen. Jeder meldet sich für seinen persönlichen Sieger (1. Platz) mit zwei Armen (= 2 Punkte) für den persönlichen 2. Platz mit einem Arm (= 1 Punkt).
- ➡ Die für jeden der Finalisten vergebenen Punkte (Arme) werden gezählt und neben den Namen geschrieben.

Name des Vorlesers:					
Flüssigkeit und Verständlichkeit ➡ ohne Stocken ➡ fehlerfrei ➡ deutliche Aussprache					
Sprechtempo und Lautstärke ➡ mal langsamer, mal zügiger ➡ mal leiser, mal lauter ➡ sinnvolle Sprechpausen					
Ausdruck ➡ sinnvolle Sprechpausen, Vermeidung von Eintönigkeit ➡ wörtliche Rede wird hervorgehoben ➡ der Ausdruck passt zum Gesagten (z. B. beeindruckt, empört, ernst)					
Deine Gesamtpunktzahl:					
Punktsumme aller Gruppenmitglieder:					

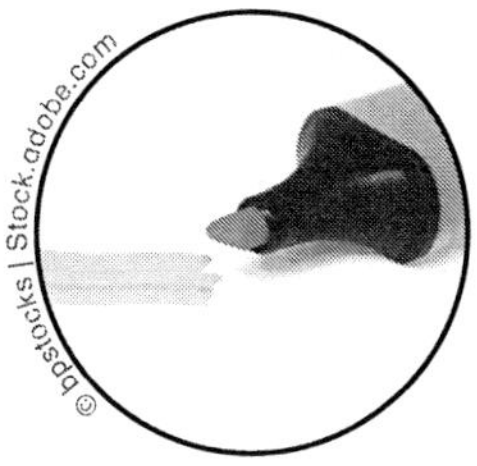

KAPITEL 12/13

Richtig oder falsch?

Kreuze an, ob die Aussagen richtig oder falsch sind. Verbessere die falschen Aussagen so, dass sie zutreffen. Wenn du dir unsicher bist, lies noch einmal im 12. und 13. Kapitel nach.

a) Johanna hat das Cockpit mit einem Feuerlöscher zertrümmert.
☐ Richtig!
☐ Falsch! Richtig ist: ....

b) Tom und Aaron besuchen Amelie mitten in der Nacht.
☐ Richtig!
☐ Falsch! Richtig ist: ....

c) Amelie ahnt, dass sich Johanna von der Brücke auf die Bahngleise stürzen will.
☐ Richtig!
☐ Falsch! Richtig ist: ....

d) Amelie verständigt Herrn Schmidt, weil er ganz in der Nähe der Brücke wohnt.
☐ Richtig!
☐ Falsch! Richtig ist: ....

e) Johanna wirft ihr Handy auf die Bahngleise.
☐ Richtig!
☐ Falsch! Richtig ist: ....

f) Johanna ist froh, dass Herr Schmidt sie auf der Brücke mit witzigen Sprüchen aufheitert.
☐ Richtig!
☐ Falsch! Richtig ist: ....

g) Nach der Geschichte von Herrn Schmidt gibt Johanna ihren Selbstmordplan auf.
☐ Richtig!
☐ Falsch! Richtig ist: ....

h) Herr Schmidt bringt Johanna zu ihren Eltern.
☐ Richtig!
☐ Falsch! Richtig ist: ....

i) Johanna hat nach dem Gespräch auf der Brücke ein besseres Bild von Herrn Schmidt.
☐ Richtig!
☐ Falsch! Richtig ist: ....

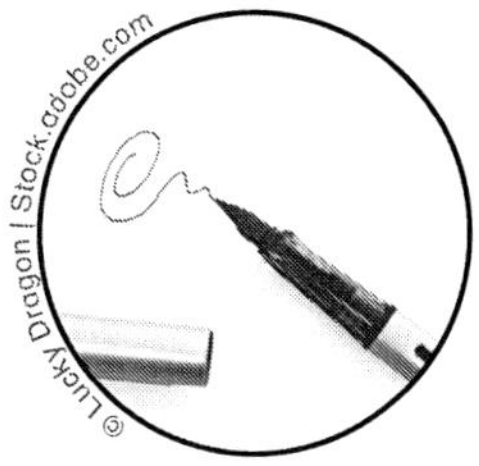

KAPITEL 12/13

Johannas Abschiedsnachricht

Seite 68

‚Leute, mir ist gerade klar geworden, wie scheiße ich bin. Vergesst das hier mit dem ganzen Kack, den ich geschrieben habe, okay? Ich werde jetzt auf eine kleine Reise gehen. Ich habe gehört, es soll weniger Probleme geben da oben. Aber stellt hier bitte keine Blumen auf die Brücke, sonst kommen die Omis mit ihren Hunden nicht mehr durch. Sorry noch mal, okay? Sagt Amelie, dass es mir leid tut (bitte nicht vergessen!). J.‘

Als Amelie Johannas Abschiedsnachricht liest, verständigt sie mitten in der Nacht den Lehrer.

1. Diskutiert in der Klasse die folgenden Fragen.

a) Wie hättet ihr in so einer Situation reagiert? Besprecht mögliche Verhaltensmöglichkeiten.

b) Warum fährt Tom erst zu Amelie, anstatt sofort Hilfe zu holen? Überlegt gemeinsam mögliche Gründe.

c) Wollte sich Johanna mit ihrer Abschiedsnachricht nur „wichtig machen“ oder hatte sie wirklich vor, zu springen? Stellt Vermutungen an und begründet sie.

d) Johanna wirft ihr Handy von der Brücke. Welche Beweggründe könnte sie dafür gehabt haben?

2. Herr Schmidt erzählt Johanna auf der Brücke eine Geschichte. Im Roman wird die Geschichte jedoch übersprungen. Was könnte Herr Schmidt Johanna erzählt haben? Sammelt Einfälle dazu.

© M S – Stock.adobe.com

Wähle eine Idee aus und schreibe die Geschichte in dein Lektüre-Arbeitsheft.

© Verlag an der Ruhr | Autor: Florian Buschendorff | ISBN 978-3-8346-2922-7 | www.verlagruhr.de
Icon Handy: © reeel – Stock.adobe.com; Rahmen/Zettel: © Verlag an der Ruhr

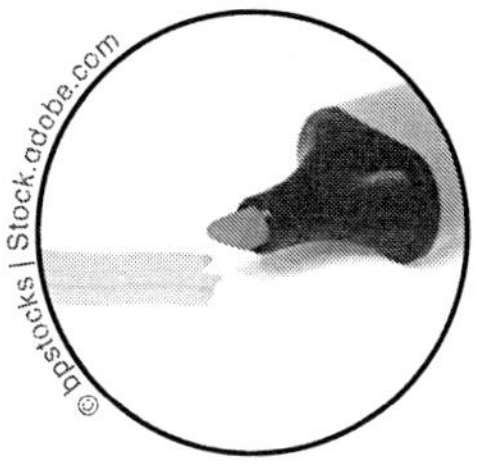

Was, wann, wo?

Die Ereignisse der zurückliegenden Romankapitel wurden nicht „chronologisch“ (in zeitlicher Abfolge) erzählt. Es gibt Rückblenden, Szenen- und Ortswechsel. Als Leser muss man sich die richtige Reihenfolge der Ereignisse erst klarmachen.

Partnerarbeit: Nummeriert die Handlungsschritte nach der zeitlichen Reihenfolge. Ergänzt anschließend Zeitangaben: den Wochentag und, wenn möglich, auch die Tageszeit.

Johanna erwischt Aaron und Amelie im Cockpit beim Küssen.

1. Freitag, nachmittags

Karla und Nils machen hämische Bemerkungen über Amelies angebliche Schwangerschaft.

....

Johanna verbreitet über Handy das Gerücht, Amelie sei von Aaron schwanger.

....

Amelie informiert den Lehrer über Johannas Nachricht.

....

Herr Schmidt unterhält sich mit Johanna auf der Brücke.

....

Tom liest die Abschiedsnachricht von Johanna.

....

Johanna schreibt einen Entschuldigungsbrief an Amelie.

....

Schüler der Klasse posten obszöne Bilder und Videos in der Gruppe.

....

Johanna und Amelie liegen sich in den Armen; Amelie verzeiht ihr.

....

Johanna schreibt ihre Abschiedsnachricht in die Gruppe.

....

Herr Schmidt spricht mit der Klasse über den letzten Willen eines todkranken Jungen.

12. Montag, vormittags

Johanna wirft ihr Handy von der Brücke.

....

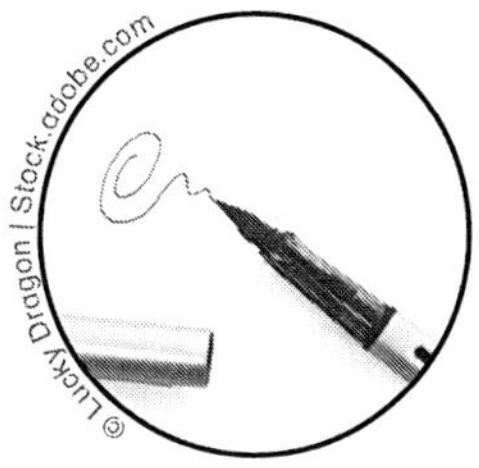

KAPITEL 14

Rache, Gerüchte und Eifersucht

1. Johanna und Amelie waren über lange Zeit sehr gut befreundet. Wie erklärst du dir, dass sie in der Klasse das Gerücht verbreitet, Amelie sei von Aaron schwanger?

   ....

   ....

   ....

2. Nenne drei Möglichkeiten, wie man noch mit Enttäuschungen und Eifersucht umgehen könnte.

   a) ....

   b) ....

   c) ....

3. Erkläre kurz, warum diese drei Möglichkeiten für Johanna wahrscheinlich nicht infrage kamen.

   zu a) ....

   zu b) ....

   zu c) ....

4. Versetze dich in folgende Situation: Johanna soll wegen des Schwangerschafts-Gerüchts, das sie über Amelie verbreitet hat, die Schule verlassen. Du bist eine gute Freundin von Johanna und möchtest das verhindern. Deshalb schreibst du einen Brief an die Schulleiterin, mit dem du Verständnis für Johannas Handlung erzeugen möchtest. Erkläre ihr Fehlverhalten und ihre Beweggründe durch ihre Situation.

   Sehr geehrte Frau Saalmann,

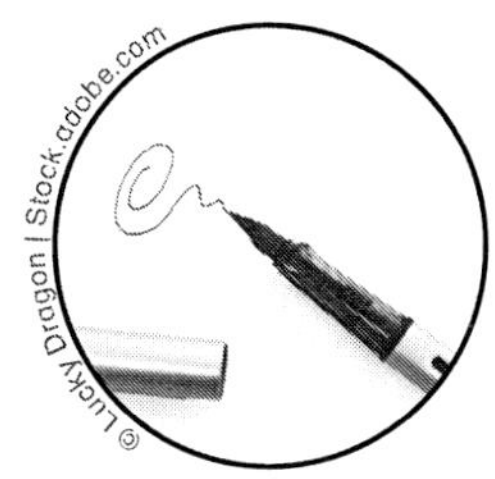
© Lucky Dragon | Stock.adobe.com

KAPITEL 14

Pauls letzter Wunsch

Herr Schmidt bespricht mit der Klasse die Geschichte von Paul. Der Klasse geht diese Geschichte sehr nahe. Euch beim Lesen vielleicht auch?

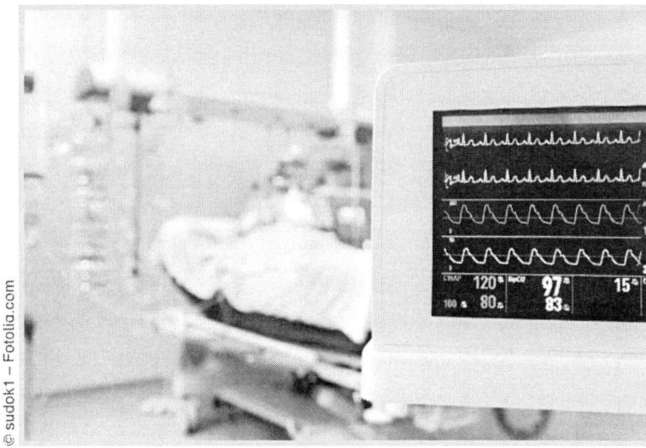
© sudok1 – Fotolia.com

1. **Besprecht gemeinsam die folgenden Fragen:**
   a) Was für eine Krankheit hatte Paul?
   b) Was war Pauls letzter Wunsch?
   c) Welchen Grund könnte Paul für seinen letzten Wunsch gehabt haben?
   d)

   Seite 78

   „Paul wusste viel besser, was Leben ist, auch wenn er viel jünger war, als ihr es seid."

   Erläutert, was Herr Schmidt mit diesem Satz meint.
   e) Warum konfrontiert Herr Schmidt die Klasse mit der Geschichte von Paul? Was möchte er damit erreichen?

2. **Abhängigkeit von Geräten und Maschinen**
   a) Sammelt in einer Kartenabfrage Beispiele, von welchen Geräten und Maschinen sich Menschen abhängig machen können.

Kartenabfrage

Die Frage/Aufgabe steht als Überschrift an der Tafel. Jeder schreibt nun seine Antworten dazu auf Karten. Pro Karte sollte dabei nur ein Gedanke in Stichworten notiert werden. Schreibt so groß, dass man die Antworten auch aus der Entfernung noch gut lesen kann. Die Karten werden schließlich eingesammelt und an die Tafel geheftet. Über die Ergebnisse könnt ihr anschließend in der Klasse sprechen.

   b) Diskutiert in der Klasse: Was spricht dagegen, sich von Geräten und Maschinen abhängig zu machen? Was spricht dafür?

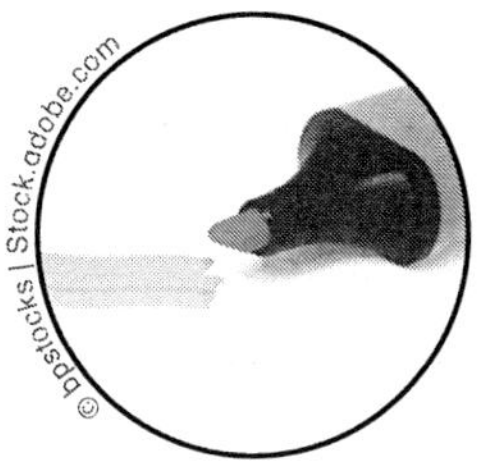

KAPITEL 15

Herr Schmidt bei der Schulleiterin

Kreuze die zutreffenden Aussagen an. Es können mehrere Aussagen richtig sein. Suche jeweils eine Stelle im 15. Kapitel heraus, die deine Entscheidung belegt. Gib die Seitenzahl und Zeilennummer an. (Verwende das Zeilenlineal!)

1. Frau Saalmann hat Herrn Schmidt zu sich bestellt, um ...
a) zu erfahren, worum es bei dem Experiment geht.
b) ihm sein Fehlverhalten aufzuzeigen.
c) den Vorfall mit den verschickten Bildern zu klären.

2. Frau Saalmann ...
a) hört Herrn Schmidt interessiert zu.
b) und Herr Schmidt führen ein gleichberechtigtes Gespräch.
c) interessiert sich nicht für die Argumente von Herrn Schmidt.

3. Herr Schmidt ...
a) versucht, sein Handeln zu verteidigen.
b) entschuldigt sich für sein Verhalten.
c) überzeugt die Schulleiterin von seinem Standpunkt.

4. Die Schulleiterin gibt Herrn Schmidt zu verstehen, dass ...
a) sie der Chef ist.
b) Herr Schmidt ein unerfahrener Lehrer ist.
c) sie Verständnis für sein Anliegen hat.

5. Frau Saalmann hält das Experiment für ...
a) rechtlich unzulässig.
b) notwendig, um gegen die „Handyseuche“ vorzugehen.
c) gescheitert.

6. Herr Schmidt ...
a) erklärt Frau Saalmann, was das Ziel seines Experiments war.
b) versucht gar nicht erst, Frau Saalmann das Experiment zu erklären.
c) weiß auch nicht mehr, was er mit dem Experiment eigentlich wollte.

7. Das Ziel des Experiments ist für Herrn Schmidt, ...
a) die Schüler zu einem sinnvollen Umgang mit dem Handy zu erziehen.
b) zu beweisen, dass Handys eine Seuche sind.
c) den Jugendlichen zu helfen.

8. Herr Schmidt kommt sich während des Gesprächs vor wie ...
a) ein Schüler, der etwas ausgefressen hat.
b) ein Wissenschaftler, der etwas Interessantes herausgefunden hat.
c) der Vorgesetzte von Frau Saalmann.

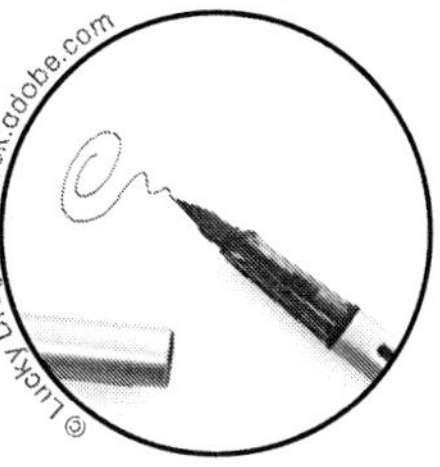

© Lucky Dragon | Stock.adobe.com

KAPITEL 16

Das Experiment ist beendet!

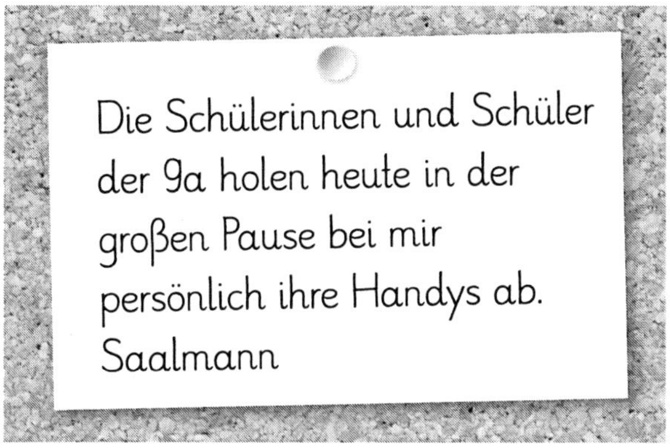

Korkhintergrund: © laonga – Stock.adobe.com

1. Welche Erklärungen könnte es für das Fehlen von Herrn Schmidt geben? Stelle mehrere Theorien auf.

Theorie 1: ....

....

Theorie 2: ....

....

Theorie 3: ....

....

2. Wie beurteilst du, dass die Schulleiterin das Experiment von Herrn Schmidt beendet hat? Begründe deine Meinung.

....

....

3. Erkläre, warum sich die ganze Klasse so für Herrn Schmidt einsetzen will.

....

....

4. Was könnte die Klasse jetzt tun? Welche Vorschläge würdest du machen?

....

....

© Lucky Dragon | Stock.adobe.com

KAPITEL 17

Krisensitzung bei Johanna

Seite 88

„Wir machen den gigantischen Mega-Flashmob. Wo zehntausend Leute auf einmal anfangen, tierisch rumzuzappeln oder so.“

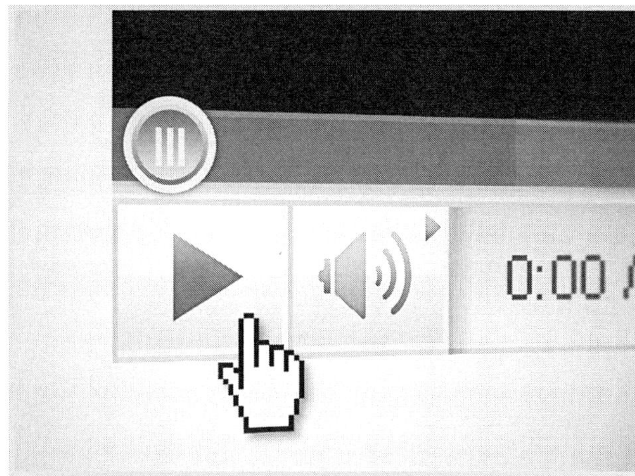

© Thomas Pajot – Fotolia.com

1. Warum hat Johanna vorgeschlagen, dass das Treffen bei ihr stattfindet? Schreibe zwei Vermutungen auf.

....

....

2. Unterschriftenliste – Streik – Flashmob? Welche Aktion schätzt du am hilfreichsten ein? Begründe deine Meinung.

....

....

....

....

....

3. Hast du schon einmal an einem Flashmob teilgenommen? Oder kennst du Videos von eindrucksvollen Flashmob-Aktionen? Suche Aufnahmen bei YouTube und beschreibe, was bei Flashmobs geschieht.

4. Johannas Aufruf zur Flashmob-Aktion für Herrn Schmidt stößt innerhalb kurzer Zeit in der Schule auf große Mitmach-Bereitschaft. Besprecht in der Klasse:

a) Woran könnte das liegen?

b) Würde an eurer Schule eine solche Aktion für einen Lehrer ähnlich positiv aufgenommen werden?

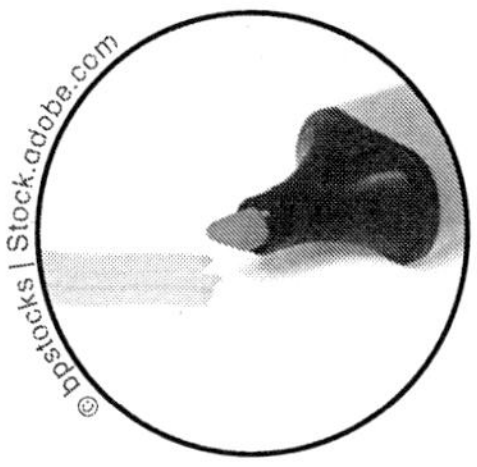

Sätze beenden

Beende die angefangenen Aussagen sinngemäß. Wenn du dir unsicher bist, lies noch einmal im 18. Kapitel nach.

a) Amelie, Aaron, Johanna und Tom beobachten den Flashmob von …

……………………………………………………………………………………

b) Die allermeisten Schüler hielten ihr Handy …

……………………………………………………………………………………

c) Das Startsignal für den Flashmob lautet …

……………………………………………………………………………………

d) „SMB“ steht für …

……………………………………………………………………………………

e) Die Lehrer empfinden den Flashmob …

……………………………………………………………………………………

f) Die Schulleiterin zeigt sich …

……………………………………………………………………………………

g) Johanna nimmt Aaron das Megafon ab, weil sie …

……………………………………………………………………………………

h) Johanna gesteht in ihrer Rede, dass sie im Unterricht …

……………………………………………………………………………………

i) Johanna zitiert in ihrer Rede …

……………………………………………………………………………………

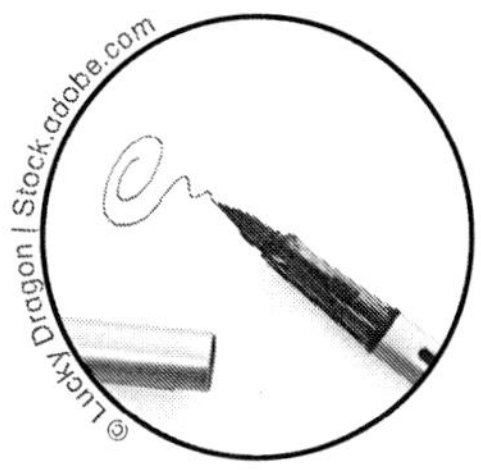

© Lucky Dragon | Stock.adobe.com

KAPITEL 19

Johannas Rede

1. Wie findest du Johannas Rede? Beschreibe, was du beim Lesen ihrer Rede gedacht hast. Welche Stelle findest du besonders gut?

....

....

....

....

....

2. Beschreibe mit eigenen Worten, was Johanna durch ihren Traum klar geworden ist?

....

....

....

....

....

3.

Seite 96

> *„Fliegen kann jeder. Aber landen – das können nur ganz wenige."*

a) Warum soll das Fliegen eines Flugzeugs nach der Aussage eines Piloten leichter sein als das Landen?

....

....

b) Welche Bedeutung könnte der Ausspruch von Johannas Großvater bezogen auf Johannas Lebenssituation haben? Ergänze den Satz.

Es ist einfach, ...;

aber es ist viel schwieriger ....

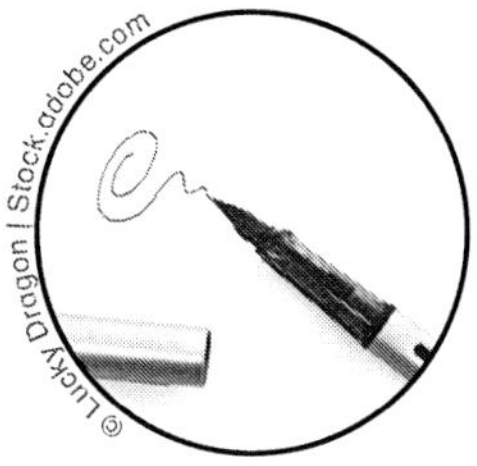

„Nur" ein Gerücht?

Seite 99

„Aber von Entlassung war eigentlich keine Rede. Das muss wohl ein Gerücht gewesen sein."

1. Oft kommen Gerüchte scheinbar aus dem Nichts und verbreiten sich dann manchmal sehr schnell. – Wie konnte es zu dem Gerücht kommen, dass Herr Schmidt „gefeuert" werden soll? Notiere deine Erklärung.

2. War die Aktion auf dem Schulhof völlig umsonst? Überlege, was die Aktion dennoch Positives gebracht haben könnte.

Für Herrn Schmidt:

Für Johanna:

Für die Klasse:

Für die Schüler der anderen Klassen:

3. Herr Schmidt hat die Aktion auf dem Schulhof unbemerkt von einem Fenster aus beobachtet. Am Abend erzählt er seiner Partnerin davon. Schreibe in dein Lektüre-Arbeitsheft, was Herr Schmidt erzählt, was geschah, was er dabei gedacht und gefühlt hat.

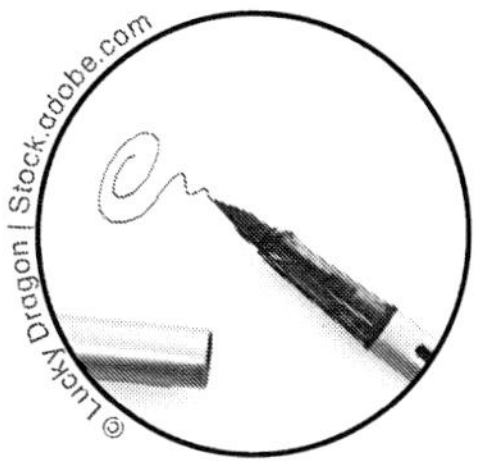

KAPITEL 20

Das digitale Gefängnis

Herr Schmidt und Johanna sind im Umgang mit ihrem Handy so etwas wie Gegensätze: Der Lehrer besitzt gar keins, Johanna kommt ohne nicht aus. Könnt ihr euch in beide Positionen hineinversetzen? Bearbeitet dazu die folgenden Aufgaben.

1. Warum hat Herr Schmidt kein Handy?

a) Gib die Erlebnisse von Herrn Schmidt mit eigenen Worten wieder.

....

....

....

b) Erkläre, wie Herr Schmidt zu seiner Entscheidung kam, auf ein Handy zu verzichten.

....

....

....

2. Johanna ohne Handy? – Wohl kaum, oder?
Stelle dir trotzdem Folgendes vor:

Johanna ist inzwischen 27 Jahre alt. Seitdem sie in der 9. Klasse ihr Handy von einer Brücke geworfen hat, hat sie tatsächlich seit Zwölf Jahren bewusst auf ein Handy verzichtet. Unglaublicherweise ist sie Lehrerin geworden.

Welche Geschichte könnte Johanna ihren Schülern erzählen, wie sie dazu kam, für immer auf ein Handy zu verzichten? Schreibe Johannas Geschichte in dein Lektüre-Arbeitsheft.

Also: Einer guten Bekannten,
nennen wir sie einfach J.,
ist Folgendes passiert: …

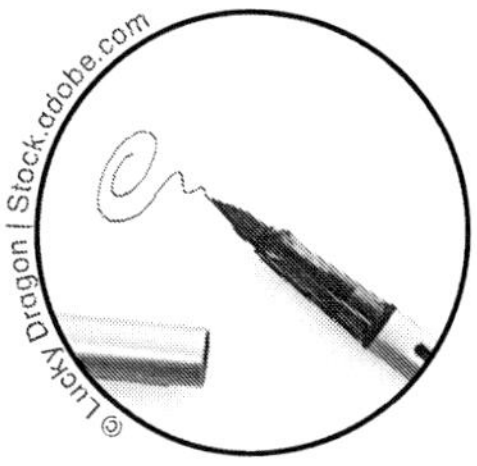
© Lucky Dragon | Stock.adobe.com

KAPITEL 20

Happy End auf ganzer Linie

Unter einem „Happy End“ versteht man den glücklichen (positiven) Ausgang der Handlung einer Geschichte. In einem Roman gibt es eigentlich immer mehrere „Geschichten“ (Handlungsstränge), die oft mit den verschiedenen Romanfiguren und ihren Beziehungen zueinander zusammenhängen. Also kann es auch mehrere Happy Ends geben.

1. Beschreibe jeweils in einem Satz, inwiefern die verschiedenen Handlungsstränge des Romans glücklich enden.

a) Die Geschichte von Amelie und Aaron

....

b) Die Geschichte von Amelie und Johanna

....

c) Die Geschichte von Johanna und Herrn Schmidt

....

d) Die Geschichte von Johanna und Tom

....

e) Die Geschichte von Johannas Handysucht

....

f) Die Geschichte von Herrn Schmidts Experiment

....

g) Die Geschichte von Herrn Schmidt selbst

....

2. Welche Romanfigur ist dir am sympathischsten? Begründe ausführlich, warum.

....

....

....

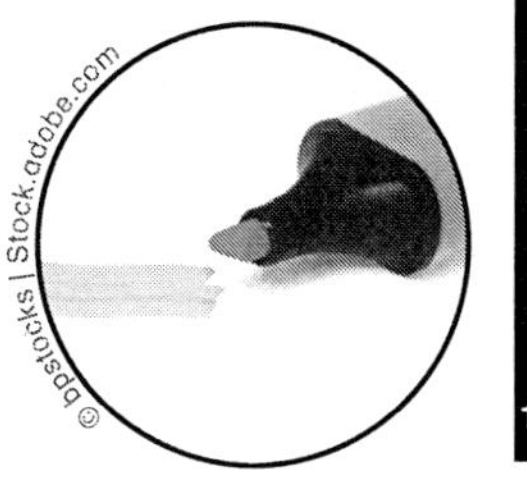

KAPITEL 11–20

Ein Quiz zur zweiten Romanhälfte

Teste dein Gedächtnis! Kreuze die richtigen Aussagen an. Die Ziffer bezeichnet das Kapitel, in dem du zur Kontrolle die Antwort findest.

1. Wie wird Amelie mitten in der Nacht von Tom geweckt? (12)
a) durch das Handy — **b)** durch einen Steinwurf
c) durch leises Klopfen — **d)** durch lautes Rufen

2. Wie kommt Herr Schmidt zur Fußgängerbrücke über die Bahngleise? (13)
a) zu Fuß — **b)** mit der Bahn
c) mit dem Fahrrad — **d)** mit dem Auto

3. Wie alt war Paul, als er starb? (14)
a) 5 — **b)** 10
c) 15 — **d)** Paul lebt noch

4. Nach Frau Saalmann ist der Einzug von Handys über einen langen Zeitraum … (15)
a) völlig in Ordnung. — **b)** kein Eingriff in die Privatsphäre.
c) ein zulässiger Eingriff in die Privatsphäre. — **d)** ein unzulässiger Eingriff in die Privatsphäre.

5. Wo sollen die Schüler der 9a ihre Handys abholen? (16)
a) bei Herrn Schmidt — **b)** bei ihren Eltern
c) bei der Sekretärin — **d)** bei Frau Saalmann persönlich

6. Wie viele Facebook-Freunde hat Johanna? (17)
a) 99 — **b)** 300
c) 3 000 — **d)** 10 000

7. Was machen einige Lehrer während des Flashmobs? (18)
a) tanzen — **b)** Transparente ausrollen
c) singen — **d)** Unterricht

8. Warum fehlt Herr Schmidt am Montag? (19)
a) Er ist krank. — **b)** Er streikt.
b) Er hat verschlafen. — **d)** Er wurde entlassen.

9. Was ist in der Tüte von Herrn Schmidt? (20)
a) nichts — **b)** Rechnungen
c) Kalenderblätter — **d)** Rosenblätter

alle KAPITEL

Kapitelüberschriften

In manchen Romanen haben die Kapitel eine Überschrift, in diesem werden jedoch keine verwendet. Überlege dir für die Kapitel treffende Überschriften, z. B.: „Ausflug zur Flugshow“ (Kapitel 11) oder „Amelie bei Aaron zu Hause“ (Kapitel 9).

Kapitel 1	Kapitel 11
Kapitel 2	Kapitel 12
Kapitel 3	Kapitel 13
Kapitel 4	Kapitel 14
Kapitel 5	Kapitel 15
Kapitel 6	Kapitel 16
Kapitel 7	Kapitel 17
Kapitel 8	Kapitel 18
Kapitel 9	Kapitel 19
Kapitel 10	Kapitel 20

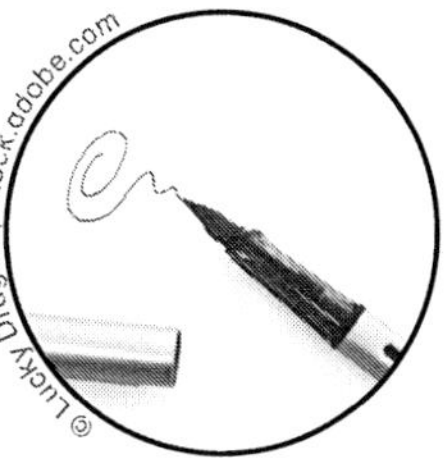

alle KAPITEL

Eine Buchbesprechung schreiben

In einer Buchbesprechung beschreibst du, worum es in dem Buch geht, und begründest, inwiefern es lesenswert oder auch nicht lesenswert ist.

1. Schreibe eine Buchbesprechung, indem du die folgenden fünf Fragen in einem zusammenhängenden Text beantwortest. Bei den Fragen b) bis e) kommt es darauf an, dass du deine Einschätzung möglichst gut begründest. Für die Beantwortung kannst du die angegebenen Formulierungsmuster verwenden.

a) Worum geht es – kurz gesagt – in dem Roman? (2–3 Sätze)
- ➡ *In dem Roman „Ohne Handy – voll am Arsch“ von Florian Buschendorff geht es um …*
- ➡ *Der Roman „Ohne Handy – voll am Arsch“ von Florian Buschendorff handelt von …*

b) Was fandest du an dem Roman besonders gut? (mit Begründung)
- ➡ *An dem Roman hat mir gut gefallen, dass …*
- ➡ *Besonders gelungen ist meiner Meinung nach … Denn …*

c) Welche Stellen sind dir besonders im Gedächtnis geblieben?
- ➡ *Vor allem die Szene, in der … Denn …*
- ➡ *Sehr spannend fand ich das Kapitel, in dem … Hieran sieht man gut …*

d) Was fandest du nicht so gut?
- ➡ *Nicht so überzeugend fand ich an dem Roman, dass … Denn …*
- ➡ *Wenig geglückt ist meiner Meinung nach … Denn …*

e) Warum (und wem) würdest du das Buch weiterempfehlen (bzw. nicht weiterempfehlen)?
- ➡ *Ich würde das Buch jedem weiterempfehlen, weil …*
- ➡ *Jugendliche, die gern … mögen, sollten dieses Buch auf jeden Fall lesen, denn …*
- ➡ *Da ich … nicht überzeugend fand, würde ich diesen Roman nicht weiterempfehlen, außerdem …*

2. Lest euch in Gruppen gegenseitig eure Texte vor. Ermittelt die Buchbesprechung, die ihr am überzeugendsten findet. Lest die besten Texte in der Klasse vor.

Interview mit einem Handygegner (1/2)

Eine Berliner Schülerzeitung hat einen Lehrer interviewt, der Handys aus Prinzip ablehnt.

SZ: *Herr Blaschke, Sie besitzen wirklich kein Handy?*

B: Das stimmt. Und wie ihr seht: Ich lebe trotzdem.

SZ: *Aber ist es nicht ziemlich umständlich, wenn Sie sich zum Beispiel verabreden möchten oder bei einer Verspätung kurz Bescheid geben wollen?*

B: Das hat früher auch ohne Handy immer geklappt. Und bei mir funktioniert das immer noch. Die Leute, mit denen ich mich verabrede, wissen, dass ich zuverlässig bin und immer komme. Und wenn ich mich mal verspäte, dann warten sie hoffentlich.

SZ: *Sich mit Freunden zwischendurch über den Alltag austauschen – ist Ihnen das nicht wichtig?*

B: Das mache ich lieber im direkten Gespräch. Und wenn mal keine Zeit für ein Treffen ist, dann hat man sich umso mehr zu erzählen, wenn man sich wiedersieht.

SZ: *Glauben Sie nicht, dass man sich mit Handys besser verabreden kann?*

B: Man kann sich auch ohne Handy verabreden. Zum Beispiel wenn man sich sieht oder auch über das gute, alte Telefon. Verabredungen über Handy verleiten doch dazu, zwischendurch 3-mal den Treffpunkt und die Uhrzeit zu ändern. Oder die Verabredung kurzfristig wieder abzusagen. Durch das Handy sind Verabredungen völlig unverbindlich geworden. Keiner will sich mehr festlegen.

© Syda Productions – Fotolia.com

SZ: *Aber Handys fördern doch die Kommunikation zwischen Menschen.*

B: Meist werden doch nur hastig getippte Wörter versendet. Fast immer nur Bruchstücke von Sätzen. Das mag man zwar als Kommunikation bezeichnen können, aber doch nicht als ein wertvolles Gespräch.

SZ: *Aber es ist doch fast dasselbe, ob man miteinander spricht oder sich schreibt.*

B: Das ist ganz und gar nicht dasselbe. Es ist etwas völlig anderes, ob man sich bei einer Unterhaltung anschaut und wahrnimmt, wie der Gesprächspartner reagiert. Auch wie er etwas sagt, ist wichtig. Wie er guckt und sich bewegt. Menschen, die immer nur chatten, die verlernen, wie man sich unterhält. Und deswegen chatten sie immer mehr. Das ist ein Teufelskreis.

SZ: *Unsere Generation ist mit Handys aufgewachsen. Glauben Sie, dass wir deswegen benachteiligt sind?*

© kebox | Stock.adobe.com

alle KAPITEL

Interview mit einem Handygegner (2/2)

B: Allerdings. Die „Generation Handy“ ist aus meiner Sicht wirklich arm dran. Das sehe ich an meinen Kindern. Meine ältere Tochter, die mittlerweile erwachsen ist, ist ohne Handy aufgewachsen. Sie hatte immer viele Freunde zu Besuch oder sie hat stundenlang das Telefon blockiert. Die jüngere ist in eurem Alter. Sie sitzt meist allein in ihrem Zimmer und chattet mit ihren Freundinnen. Ja, ich halte diese zunehmende Selbstisolation durch diese Dinger für eine tragische Entwicklung.

SZ: *Trotzdem vielen Dank für das Gespräch, Herr Blaschke.*

1. Aus welchen Gründen ist Herr Blaschke gegen Handys? Markiere wichtige Aussagen im Text und trage sie in die Tabelle in der linken Spalte ein.

Gründe gegen ein Handy	Gründe für ein Handy

2. Welchen Argumenten würdest du zustimmen, welchen widersprechen? Tauscht euch in der Klasse darüber aus.

3. Welche Argumente gibt es für Handys? Tragt sie in die Tabelle in der rechten Spalte ein. Welche Seite überwiegt?

Bist du handysüchtig? Mache den Test

1. Treffen die Aussagen auf dich zu? Kreuze an!

	trifft gar nicht zu	trifft selten zu	trifft manchmal zu	trifft meistens zu	trifft fast immer zu
Ich habe mein Handy immer dabei.					
Wenn ich mein Handy zu Hause vergessen habe, fühle ich mich unwohl.					
Ich benutze das Handy für viele verschiedene Dinge.					
Wenn ich aufwache, greife ich gleich zum Handy.					
Vor dem Einschlafen beschäftige ich mich immer mit dem Handy.					
Während der Unterrichtspausen benutze ich das Handy.					
Ich spiele oft und lange am Stück mit dem Handy.					
Wenn mir langweilig ist, beschäftige ich mich mit dem Handy.					
In meiner Freizeit tausche ich mich viel über Chats aus.					
Andere stört es, dass ich oft am Handy hänge.					

2. Partnerarbeit: Fülle diesen Test mit einer anderen Farbe für eine/n Freund/in aus der Klasse aus. Tausche danach die Blätter mit dieser Person aus. Vergleicht eure Einschätzungen.

3. Diskutiert in der Klasse folgende Aussagen:

a) Handysucht führt zu sozialer Isolation.

b) Handysucht führt zu schlechteren Leistungen in der Schule.

c) Das Handy wird bei bei Handysüchtigen zum Ersatz für Freundschaften.

© Verlag an der Ruhr | Autor: Florian Buschendorff | ISBN 978-3-8346-2922-7 | www.verlagruhr.de
Icon Handy: © reeel – Stock.adobe.com

Was ist Handysucht?

Handysucht

Unter Handysucht versteht man den starken Drang, mit gerade nicht anwesenden Personen via Telekommunikation (Mobiltelefonanruf, SMS) in Kontakt treten zu wollen.
Die Sucht hat meist die Isolation zur Folge, da es fast nur um einen telekommunikativen Austausch von Belanglosigkeiten anstatt tatsächlicher Zuwendung geht.
Eines der maßgeblich prägenden Merkmale dieser Abhängigkeit besteht darin, dass diese Personengruppe das Mobiltelefon meist durchgehend eingeschaltet lässt. Die Betroffenen haben Angst, ein Gespräch zu versäumen, was für sie bedeuten würde, von einem sozialen Netzwerk abgeschnitten zu werden. Im weiteren Sinn umfasst die Handysucht auch die Handyspielsucht sowie die Handyonlinesucht.

(Quelle: www.bmg.gv.at/home/Schwerpunkte/Drogen_Sucht/Verhaltenssuechte/Mediensucht/Mediensucht_Ueberbegriff_fuer_viele_Erscheinungsformen)

1. Beantworte die folgenden Fragen zum Text.

a) Welche Verhaltensweisen werden genannt, an denen man Handysucht erkennen kann?

....

....

b) Welche Folgen von Handysucht werden genannt?

....

c) Welche Ursachen von Handysucht werden genannt?

....

....

....

2. Kann man häufige Handybenutzung wirklich als „Sucht" bezeichnen? Wo ist der Unterschied zwischen der Sucht nach Alkohol, Drogen oder Nikotin und der Handysucht? Schreibe deine Meinung auf. Diskutiert in der Klasse darüber.

3. Gibt es wie bei anderen Formen der Sucht „Entzugserscheinungen", wenn man ohne Handy unterwegs ist? Beschreibe, wie diese aussehen könnten.

© kebox | Stock.adobe.com

alle KAPITEL

Eine Studie zur Handynutzung

ALLE ZWÖLF MINUTEN AM SMARTPHONE

Viele Jugendliche legen ihr Handy kaum noch aus der Hand. Oft haben sie ein Smartphone, mit dem sie ins Internet gehen, mit Freunden kommunizieren oder Spiele herunterladen. Bei Vielnutzern bleibt das Smartphone selbst bei der Nachtruhe oder im Unterricht angeschaltet.

Bonner Forscher wollen nun mit Aufzeichnungen beleuchten, inwieweit eine Suchtgefahr droht. Dazu soll die eigens entwickelte App „Menthal“ dienen, die Smartphone-Nutzer kostenlos herunterladen können, um ihr Verhalten zu messen und zu kontrollieren.

Die meisten Nutzer tendieren nach Beobachtungen der Wissenschaftler dazu, die Zeit am Handy zu unterschätzen. In einer Pilotstudie anhand der App untersuchte das Forscherteam mit Psychologen und Computerwissenschaftlern der Universität Bonn das Verhalten von 50 Studenten über einen Zeitraum von sechs Wochen.

Resultat: Alle zwölf Minuten aktivierte ein Durchschnittsnutzer sein Smartphone.

Einer der Leiter der Studie, der Psychologe Dr. Christian Montag, spricht von „erschreckenden Ergebnissen“: „Im Schnitt wurde das Handy am Tag 80 Mal aktiviert.“ Ein Viertel der Probanden habe das Handy länger als zwei Stunden pro Tag genutzt. „Die Frage ist, wann wird die Smartphone-Nutzung problematisch und wann beginnt die Sucht?“

Zusammen mit dem Informatikprofessor Alexander Markowetz und weiteren Wissenschaftlern hat Montag mit „Menthal“ eine App entwickelt, die exakt festhalten soll, wie oft und wann das Smartphone aktiviert wird und welche Dienste und Anwendungen man nutzt.

(Quelle: www.n24.de/n24/Nachrichten/Netzwelt/d/4296126/alle-zwoelf-minuten-am-smartphone.html)

Kreuze die richtigen Antworten an.

1. Wozu dient die App „Menthal“?
- **a)** Sie misst die Handynutzung.
- **b)** Es ist ein Spiel, das süchtig macht.
- **c)** Man kann damit chatten.
- **d)** Man sieht, wer gerade online ist.

2. Bei der Studie kam heraus, dass die meisten Nutzer die eigene Handynutzung …
- **a)** überschätzen.
- **b)** unterschätzen.
- **c)** realistisch einschätzen.
- **d)** ändern wollen.

3. Wer beteiligte sich an der Handystudie über welchen Zeitraum?
- **a)** 50 Studenten über sechs Wochen
- **b)** 80 Studenten über zwei Wochen
- **c)** 50 Schüler über zwei Wochen
- **d)** 80 Schüler über sechs Wochen

4. Alle wie viel Minuten aktivierten die Nutzer im Durchschnitt ihr Handy?
- **a)** alle zwei Minuten
- **b)** alle zwölf Minuten
- **c)** alle 22 Minuten
- **d)** alle 24 Minuten

alle KAPITEL

Kommunikationsmedien im Vergleich

Unter „Kommunikation“ versteht man das Übermitteln oder den Austausch von Informationen. Für das Übermitteln der Informationen in Form von Sprache gibt es verschiedene Mittel („Medien“).

Medien der Sprachübermittlung

1 direktes Gespräch
2 handgeschriebener Brief
3 Postkarte
4 Telefongespräch
5 E-Mail
6 SMS
7 Facebook-Nachricht
8 WhatsApp-Mitteilung
9 Nachricht im Gruppenchat

1. Welche der genannten Medien würdest du in den folgenden Situationen einsetzen? Notiere deine Wahl in der Tabelle (mehrere Nennungen möglich).

Situation	**Medien (Nr. 1–9)**
a) Du möchtest eine Verabredung absagen.	
b) Du möchtest von einem Mitschüler wissen, wie die Hausaufgabe geht.	
c) Du möchtest jemandem mitteilen, dass du sauer auf ihn bist.	
d) Du möchtest eine Liebesbeziehung beenden.	
e) Du möchtest bei einer Firma anfragen, ob du dort ein Praktikum machen kannst.	
f) Du möchtest dich bei einem Lehrer für dein (falsches) Verhalten entschuldigen.	
g) Du möchtest einem Freund/einer Freundin zu Hause mitteilen, wie dein Urlaub ist.	

2. Begründe, warum in den genannten Situationen bestimmte Medien aus deiner Sicht ungeeignet sind.

3. In welchen Situationen würdest du von dir bisher nicht genannte Medien einsetzen? Warum?

© Verlag an der Ruhr | Autor: Florian Buschendorff | ISBN 978-3-8346-2922-7 | www.verlagruhr.de
Icon Handy: © reeel – Stock.adobe.com

Die Geschichte der Telekommunikation

Informationen über eine große Distanz zu übermitteln, war schon immer ein wichtiges Bedürfnis der Menschen.

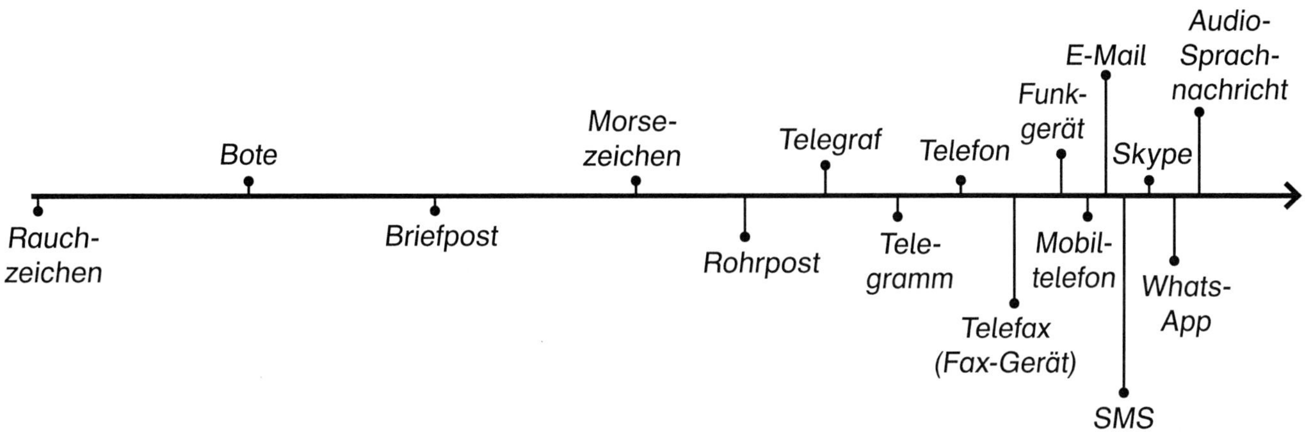

1. **Teilt die Erfindungen in der Klasse auf. Informiert euch im Internet und schreibt einen kurzen, informativen Text, der folgende Fragen beantwortet:**
   a) Wann wurde die Erfindung erstmals zur Telekommunikation genutzt?
   b) Wie funktioniert sie? Wofür wird/wurde sie verwendet?
   c) Wird sie heute noch eingesetzt? Wurde sie durch eine neuere Erfindung verdrängt?

2. **Gestaltet gemeinsam in der Klasse eine Zeitleiste. Klebt eure Informationstexte darauf.**

3. **Die Entwicklung ist rasant. In immer kürzeren Abständen verändern sich die Möglichkeiten der Telekommunikation. Überlegt gemeinsam:**
   a) Wie könnte es weitergehen? Was kommt als Nächstes?
   b) Beschreibt, wie die Telekommunikation im Jahr 2025 funktionieren könnte.

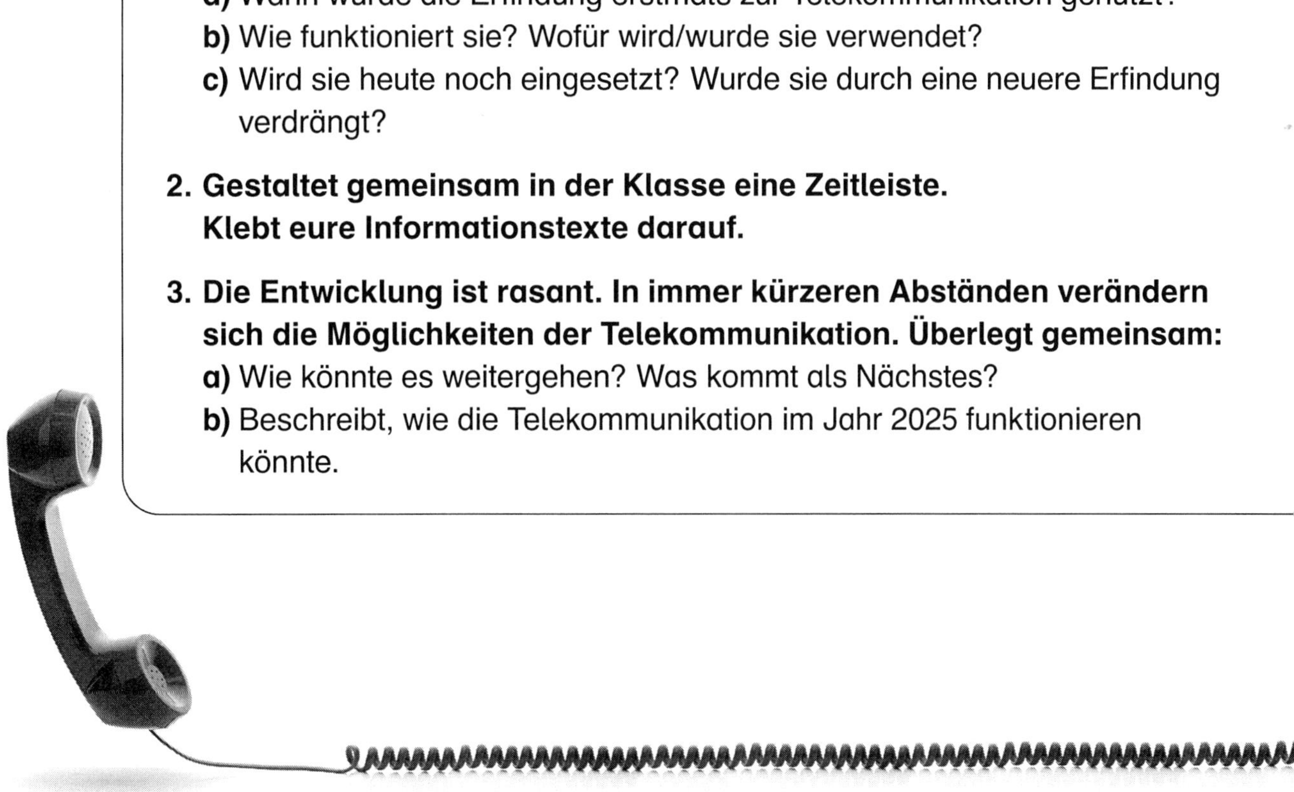

© Brian Jackson – Fotolia.com

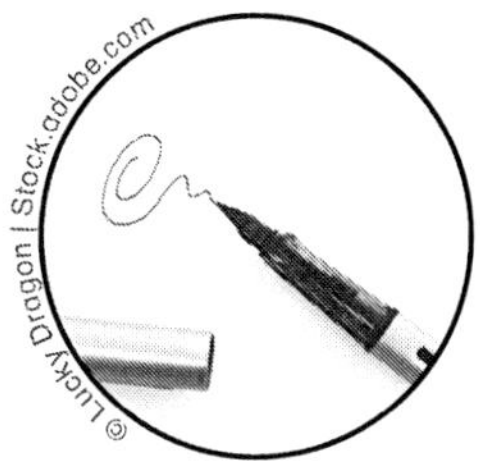
© Lucky Dragon | Stock.adobe.com

alle KAPITEL

Einen Brief an den Autor schreiben

Liebe Leserin, lieber Leser,

ich freue mich, dass du den Roman bis zum Schluss gelesen hast. Natürlich interessiert mich sehr, ob dir das Lesen Spaß gemacht hat.

Schreibe mir doch deine Meinung über diesen Roman.
- Hat dir das Lesen Spaß gemacht?
- Fandest du das Thema und die Handlung interessant?
- Was fandest du besonders gut?
- Was hat dir nicht so gut gefallen?

Über einen Brief oder eine E-Mail freue ich mich sehr – und ich antworte natürlich auch.

Herzliche Grüße
Florian Buschendorff

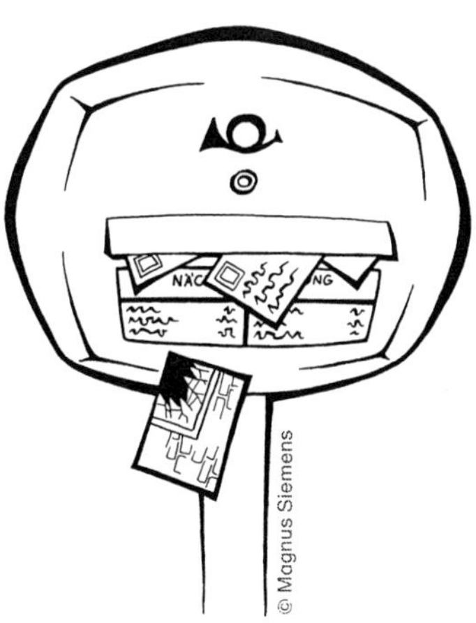
© Magnus Siemens

Schreibe per E-Mail an:
Florian@Buschendorff.de

Lösungen

S. 5 **Kapitel 1** **Das Experiment**

1. Aaron: z. B. „Wir leben doch in einer Demokratie, Herr Schmidt."
   Johanna: z. B. „Ich werde mein Handy mit Sicherheit nicht abgeben."
   Amelie: z. B. „Also, ich finde, wenn Herr Schmidt das machen will, sollten wir ihn wenigstens mal ausreden lassen."
   Tom: z. B. „Schleimer!"
   Herr Schmidt: z. B. „Vielleicht stimmen wir noch einmal richtig ab, nachdem ich euch die Einzelheiten erklärt habe."
2. Herr Schmidt möchte über das Experiment seine Abschlussarbeit schreiben. Außerdem glaubt er, dass die Schüler viel über sich selbst lernen, wenn sie zwei Wochen auf ihr Handy verzichten.

S. 6 **Kapitel 2** **Wer sagt was? – Das Zeilenlineal**

a) Aaron (S. 10, Z. 2–3)
b) Amelie (S. 10, Z. 15)
c) Aaron (S. 11, Z. 15)
d) Johanna (S. 11, Z. 17)
e) Amelie (S. 11, Z. 22)
f) Johanna (S. 12, Z. 17/18)
g) Tom (S. 12, Z. 20)
h) Aaron (S. 14, Z. 10)

S. 7 **Kapitel 1+2** **Richtig oder falsch?**

a) Falsch! Richtig ist: Johanna lehnt den Selbstversuch ab.
b) Falsch! Richtig ist: Aaron mag Herrn Schmidt eigentlich ganz gern.
c) Falsch! Richtig ist: Das Experiment soll zwei Wochen dauern.
d) Falsch! Richtig ist: Nur die Hälfte der Klasse soll auf das Handy verzichten.
e) Richtig!
f) Richtig!
g) Richtig!
h) Falsch! Richtig Ist: Der Vorschlag stammt von Tom.
i) Richtig!

S. 8 **Kapitel 3** **Genau gelesen?**

a) Die Klassenlehrerin Frau Reimers ist krank.
b) „Wie konnten die Menschen vor 30 Jahren ohne Handy auskommen?"
c) Die Geschichte spielt im Sommer.
d) Die Klasse 9a besteht aus 28 Schülern.
e) Die Handys sollen in einem Karton eingesammelt und im Schulsafe eingeschlossen werden.
f) Das erste Los zieht Aaron.
g) Nils meint, die Hälfte der Mädchen sei in Herrn Schmidt verliebt.
h) Gar keinen, Aaron behält es für sich.
i) Johanna kündigt an, zur Schulleiterin zu gehen.
j) Johanna hält ihr Handy beim Herauskommen in die Luft und freut sich lautstark.

Lösungen

S. 12 **Kapitel 4** Die Szene am Küchentisch

	(Johanna tippt auf ihrem Handy. Die Mutter läuft in der Küche herum)
Mutter:	Johanna, hilfst du mir bitte beim Essenmachen?
Johanna:	Gleich.
Mutter:	Du könntest schon mal die Tomaten abwaschen.
Johanna:	Gleich.
	(Die Mutter zieht das Ladekabel von Johannas Handy ab und legt ihr Tomaten hin.)
Mutter:	Waschen und vierteln, bitte!
	(Johanna reagiert nicht. Sie spricht die Mutter verärgert an.)
Johanna:	Hey, ich habe nur noch drei Prozent.
Mutter:	Johanna, bitte leg das Handy weg. Seit der Schule hast du nichts anderes gemacht. Hast du keine Hausaufgaben?
Johanna:	Nein. Wir kriegen fast nie Hausaufgaben auf. Eine Minute noch!
Mutter:	Das hast du vor einer halben Stunde gesagt.
	(Johanna liest und tippt weiter auf ihrem Handy.)
Mutter:	Johanna, ich gehe gleich an die Decke!
Johanna:	Mama, beruhige dich mal! Es ist wichtig!
	(Die Mutter wäscht die Tomaten selbst. Johanna reagiert darauf gar nicht.)
Johanna:	Ich muss nur noch kurz Amelie anrufen.
	(Johanna steht auf und verlässt die Küche. Die Mutter ruft ihr hinterher.)
Mutter:	In fünf Minuten ist das Essen fertig!

S. 13 **Kapitel 5** Alles verstanden?

a) „Schönes Oberteil“, sagte Aaron. „Steht dir.“ (S. 26, Z. 1)
b) „Ich kenne sie seit der ersten Klasse.“ (S. 27, Z. 9)
c) – „Sie ist anstrengend“, sagte Aaron. (S. 27, Z. 10)
– „Keine Lust!", erwiderte Aaron. (S. 28, Z. 15)
d) Er chattete mit ihr nicht aus reiner Langeweile.
Es hatte seinen gewissen Reiz. (S. 28, Z. 4–6)
e) Das mit Aaron. Sie musste es Johanna endlich erzählen.
(S. 29, Z. 1–2)

S. 14 Zeichensetzung bei der wörtlichen Rede 1

1.
a) „Gehst du shoppen?“, fragte Amelie.
b) „Und du?“, fragte er.
c) „Johanna ist halt Johanna“, sagte Amelie.
d) „Keine Ahnung. Langeweile“, sagte Aaron.
e) „Du könntest doch mal mit ihr ins Kino gehen“, sagte Amelie.

2.
a) „Sie ist anstrengend“, sagte Aaron.
b) „Kannst du auch was für dich behalten?“, fragte Amelie.
c) „Ich glaube, Johanna ist in dich verknallt.“
d) „Keine Lust“, erwiderte Aaron.
e) „Mathelernen hat echt was gebracht!“, rief Amelie ihm hinterher.

Lösungen

S. 15 **Kapitel 6 Inhalt aufmerksam gelesen?**

a) Johanna hat Amelie am Tag zuvor versetzt.
b) Amelie regt sich auf, weil Johanna sich gar nicht mit ihr beschäftigt und auf sie nicht eingeht.
c) Es ist Johannas Aussage „Ich bin jetzt übrigens mit Aaron zusammen“. Sie ist aus der Fassung, weil sie selbst in Aaron verliebt ist.
d) Die Schüler sollen Vermutungen äußern, was sich in der Tüte von Herrn Schmidt befindet.
e) In Amelie staut sich ihre Wut auf, sodass sie innerlich immer mehr kocht. Dasselbe passiert mit dem Dampf im Drucktopf.
f) Sie will nicht, dass die anderen mitkriegen, dass sie weinen muss, als sie Aaron sieht.

S. 16 **Zeichensetzung bei der wörtlichen Rede 2**

„Bist du irgendwie sauer?“, fragte Johanna.
„Nein danke, Tom“, antwortete Herr Schmidt.
„Herr Schmidt, sollen wir für Sie sammeln?“, fragte Tom.
„Willst du wissen, was ich geschrieben habe?“, fragte Johanna.
„So ein Scheiß!“, rief Johanna.
„Alles klar mit dir, Amelie?“, fragte Aaron.
„Hi“, sagte Aaron.

S. 17 **Kapitel 7 Richtig oder falsch?**

a) Falsch! Richtig ist: Die MoHas haben am nächsten Tag zur ersten Stunde, die Normalen zur zweiten.
b) Falsch! Richtig ist: Johanna behauptet im Spaß, dass Herr Schmidt eine Sekte gründen will.
c) Falsch! Richtig ist: Johanna mag den Film.
d) Richtig!
e) Falsch! Johanna verlässt das Zimmer, später schaltet die Mutter den Fernseher ab.
f) Richtig!
g) Falsch! Richtig ist: Johannas Eltern haben sich in einem Tanzkurs kennengelernt.
h) Richtig!

S. 21 **Kapitel 8 Ohne Handy voll am Arsch?**

1. a) Amelie hat nicht mitbekommen, dass Tom offiziell zu den MoHas gehört und Aaron nicht.
b) Er will vermutlich nicht, dass Amelie etwas von seinen Chats mit Johanna erfährt.
c) Amelie glaubt das, weil Tom beabsichtigt, Herrn Schmidt zu erzählen, dass er einen schönen Abend mit seinen Eltern ohne Handy hatte, obwohl er in Wirklichkeit das Handy seines Bruders benutzt. Er vermutet, dass es genau das ist, was Herr Schmidt hören möchte.

Lösungen

S. 22 **Übungen zur indirekten Rede 1**

a) Amelie sagte, dass Tom doch zur zweiten habe.
b) Tom sagte, dass er offiziell MoHa sei.
c) Tom sagte, dass das ganze Leben Heuchelei sei.
d) Amelie dachte, dass sie in einen Lügner verliebt sei.

S. 24 **Kapitel 9 Übungen zur indirekten Rede 2**

a) Sie fragte, warum er sie angelogen habe/hätte.
b) Aaron sagte, dass es ihm leid tue/täte.
c) Amelie fragte, warum er sich als MoHa ausgegeben habe/hätte.
d) Aaron sagte, dass er Johanna habe/hätte loswerden wollen.
e) Aaron sagte, dass Johanna wahnsinnig sei/wäre.
f) Aaron beteuerte, dass zwischen ihm und Johanna nichts sei/wäre.
g) Aaron fragte, ob Johanna am Freitag schon was vorhabe/vorhätte.
h) Aaron sagte, dass Tom auch mitkomme/mitkäme.

S. 25 **Kapitel 10 Der Konflikt zwischen Amelie und Johanna**

1.
a) Nein, weil Johanna gar nicht auf Amelies Aussagen eingeht.
b) Amelie kommt darauf, weil in ihrer Freundschaft immer Johanna diejenige ist, die den Ton angibt.
c) Johanna lässt diesen Gedanken nicht an sich heran. Stattdessen zahlt sie schnell und geht weiter shoppen, um sich abzulenken.
d) Amelie nervt, dass Johanna unzuverlässig und oberflächlich ist, dass sie keine coolen Sachen mehr unternehmen und dass Johanna nur noch das Handy wichtig ist.
e) Sie lädt sie ein, weil sie ehrlich zu Johanna ist und sie vielleicht ihre Freundschaft noch retten will.

S. 26 **Kapitel 1–10 Ein Quiz zur ersten Romanhälfte**

1. b) 2 Wochen
2. d) Mathematik
3. a) Frau Reimers
4. b) Sommer
5. b) ein Springbrunnen
6. b) Amelie
7. c) in einer Tüte
8. a) ein iPhone
9. d) eine Flugausstellung
10. d) in einer alten Brauerei

S. 29 **Kapitel 11 Fremdwörterquiz**

1. b) Gangway (englisch)
2. a) Evolution (lateinisch)
3. d) philosophisch (griechisch)
4. a) Macho (spanisch)
5. a) Trance (französisch)
6. b) Passagiere (italienisch/französisch)
7. a) Business Class (englisch)
8. b) Cockpit (englisch)

Lösungen

S. 33 **Kapitel 12+13** **Richtig oder falsch?**

a) Falsch! Richtig ist: Amelie hat nur geträumt, dass Johanna das Cockpit zertrümmert.
b) Falsch! Richtig ist: Nur Tom sucht Amelie in der Nacht auf.
c) Richtig!
d) Richtig!
e) Richtig!
f) Falsch! Richtig ist: Johanna ist genervt von den Sprüchen von Herrn Schmidt.
g) Falsch! Richtig ist: Johanna hat ihren Selbstmordplan schon vor der Geschichte von Herrn Schmidt aufgegeben.
h) Falsch! Richtig ist: Herr Schmidt informiert nur Tom und Amelie.
i) Richtig!

S. 35 **Was, wann, wo?**

1. Johanna erwischt Aaron und Amelie im Cockpit beim Küssen. (Freitag, nachmittags)
2. Johanna verbreitet über Handy das Gerücht, Amelie sei von Aaron schwanger. (Freitag, abends)
3. Johanna schreibt ihre Abschiedsnachricht in die Gruppe. (Freitag, nachts)
4. Tom liest die Abschiedsnachricht von Johanna. (Freitag, nachts)
5. Amelie informiert den Lehrer über Johannas Nachricht. (Freitag, nachts)
6. Johanna wirft ihr Handy von der Brücke. (Freitag, nachts)
7. Herr Schmidt unterhält sich mit Johanna auf der Brücke. (Freitag, nachts)
8. Johanna schreibt einen Entschuldigungsbrief an Amelie. (Samstag, tagsüber)
9. Schüler der Klasse posten obszöne Bilder und Videos in der Gruppe. (Freitag, Samstag und Sonntag)
10. Johanna und Amelie liegen sich in den Armen; Amelie verzeiht ihr. (Montag, vor der ersten Stunde)
11. Karla und Nils machen hämische Bemerkungen über Amelies angebliche Schwangerschaft. (Montag, in der Pause)
12. Herr Schmidt spricht mit der Klasse über den letzten Willen eines todkranken Jungen. (Montag, vormittags)

S. 38 **Kapitel 15** **Herr Schmidt bei der Schulleiterin**

1. b) (z. B. S. 81, Z. 3–5)
2. c) (z. B. S. 82, Z. 5–7)
3. a) (z. B. S. 81, Z. 16–18)
4. a) (z. B. S. 82, Z. 1–3)
b) (z. B. S. 82, Z. 15–18)
5. a) (z. B. S. 82, Z. 18–21)
c) (z. B. S. 82, Z. 5–7)
6. b) (z. B. S. 83, Z. 3–5)
7. a) (z. B. S. 83, Z. 5–8)
8. a) (z. B. S. 83, Z. 17–20)

Lösungen

S. 41 **Kapitel 18 Sätze beenden**

a) Amelie, Aaron, Johanna und Tom beobachten den Schulhof von der Betonsäule aus.
b) Die allermeisten Schüler hielten ihr Handy versteckt in der Hand.
c) Das Startsignal für den Flashmob lautet: „Jetzt!"
d) „SMB" steht für „Schmidt muss bleiben!".
e) Die Lehrer empfinden den Flashmob als amüsant.
f) Die Schulleiterin zeigt sich nur einmal kurz am Fenster.
g) Johanna nimmt Aaron das Megafon ab, weil sie Aarons Rede zu kompliziert findet.
h) Johanna gesteht in ihrer Rede, dass sie im Unterricht bei Herrn Schmidt chattet.
i) Johanna zitiert in ihrer Rede einen Ausspruch ihres Großvaters.

S. 45 **Kapitel 20 Happy End auf ganzer Linie**

a) Die Geschichte von Amelie und Aaron: Amelie und Aaron werden ein Paar.
b) Die Geschichte von Amelie und Johanna: Amelie verzeiht Johanna.
c) Die Geschichte von Johanna und Herrn Schmidt: Johanna mag Herrn Schmidt am Ende sehr gern.
d) Die Geschichte von Johanna und Tom: Johanna und Tom finden sich am Ende sympathisch.
e) Die Geschichte von Johannas Handysucht: Johanna erkennt ihr Problem und will sich bessern.
f) Die Geschichte von Herrn Schmidts Experiment: Das Experiment wurde zwar abgebrochen, hat aber Gutes bewirkt.
g) Die Geschichte von Herrn Schmidt selbst: Herr Schmidt erkennt, dass Handys auch eine gute Seite haben können.

S. 46 **Kapitel 11–20 Ein Quiz zur zweiten Romanhälfte**

1. b) durch einen Steinwurf
2. c) mit dem Fahrrad
3. b) 10
4. d) ein unzulässiger Eingriff in die Privatsphäre
5. d) bei Frau Saalmann persönlich
6. c) 3000
7. a) tanzen
8. a) Er ist krank.
9. c) Kalenderblätter

Lösungen

S. 47 **Alle Kapitel** **Kapitelüberschriften**

Beispiele

Kapitel 1: *Das Experiment der Klasse 9a*
Kapitel 2: *Die „MoHas" und die „Normalen"*
Kapitel 3: *Die Auslosung*
Kapitel 4: *Der Selbstversuch beginnt*
Kapitel 5: *Das Treffen von Aaron und Amelie*
Kapitel 6: *Amelies Liebeskummer*
Kapitel 7: *Johannas Streit mit den Eltern*
Kapitel 8: *Amelies Erfahrungen ohne Handy*
Kapitel 9: *Die Aussprache von Amelie und Aaron*
Kapitel 10: *Amelies Standpauke an Johanna*
Kapitel 11: *Die Katastrophe auf der Flugausstellung*
Kapitel 12: *Toms nächtlicher Besuch*
Kapitel 13: *Auf der Brücke*
Kapitel 14: *Der kranke Junge*
Kapitel 15: *Herr Schmidt bei Frau Saalmann*
Kapitel 16: *Das Ende des Experiments*
Kapitel 17: *Krisensitzung bei Johanna*
Kapitel 18: *Der Flashmob auf dem Schulhof*
Kapitel 19: *Herr Schmidt kommt zurück*
Kapitel 20: *Die Geschichte von Herrn Schmidt*

S. 53 **Eine Studie zur Handynutzung**

1. a) Sie misst die Handynutzung.
2. b) unterschätzen
3. a) 50 Studenten über sechs Wochen
4. b) alle zwölf Minuten

Medientipps

Oli Hilbring:
Kopf hoch!: Neue Cartoons für Smombies und ihre Angehörigen.
Lappan, 2019.
ISBN 978-3-8303-6331-6

Gerald Lembke, Ingo Leipner:
Die Lüge der digitalen Bildung: Warum unsere Kinder das Lernen verlernen.
Redline Verlag, 2015.
ISBN 978-3-86881-568-9

Gerald Lembke, Ingo Leipner:
Zum Frühstück gibt's Apps: Der tägliche Kampf mit der Digitalen Ambivalenz.
Springer, 2015.
ISBN 978-3-66243-401-7

Manfred Spitzer:
Digitale Demenz: Wie wir uns und unsere Kinder um den Verstand bringen.
Droemer, 2014.
ISBN 978-3-42630-056-5

Armin Kaster:
K.L.A.R. - Taschenbuch
Real Life - viel krasser als jedes Game!
Verlag an der Ruhr, 2018.
ISBN 978-3-8346-3807-6

Jan Frederik Wessel:
K.L.A.R. - Literatur-Kartei
„Real Life - viel krasser als jedes Game!"
Verlag an der Ruhr, 2018.
ISBN 978-3-8346-3808-3

Florian Buschendorff:
K.L.A.R. - Taschenbuch
Ich werde YouTube-Star!
Verlag an der Ruhr, 2017.
ISBN 978-3-8346-3543-3

Nina Wilkening:
K.L.A.R. - Literatur-Kartei
„Ich werde YouTube-Star!"
Verlag an der Ruhr, 2017.
ISBN 978-3-8346-3552-5

Armin Kaster:
K.L.A.R. - Taschenbuch
Ich hab schon über 500 Freunde!
Verlag an der Ruhr, 2012.
ISBN 978-3-8346-2278-5

Saskia Spielberg:
K.L.A.R. - Literatur-Kartei
„Ich hab schon über 500 Freunde!"
Verlag an der Ruhr, 2012.
ISBN 978-3-8346-2302-7